Heinz Lenkenhoff & Josef Vasthoff

Platt för alle Dage

agenda

Niederdeutsche Kultur
Band 5

Heinz Lenkenhoff & Josef Vasthoff

Platt för alle Dage

agenda Verlag
Münster
2020

Die Herausgabe des Buches wurde gefördert durch:

Landschaftsverband Westfalen-Lippe

LWL

Für die Menschen.
Für Westfalen-Lippe.

Deutsche Gesellschaft für Westfälische Kultur e.V.

DGWK

Bibliografische Information der Deutschen Nationalbibliothek
Die Deutsche Nationalbibliothek verzeichnet diese Publikation in der Deutschen Nationalbibliografie; detaillierte bibliografische Daten sind im Internet über http://dnb.dnb.de abrufbar.

Drubbel 4, D-48143 Münster
Tel.: +49-(0)251-799610
www.agenda.de | info@agenda.de

Druck & Bindung: TOTEM, Inowroclaw, Polen

ISBN 978-3-89688-690-3

Min leiwe aolle Moderspraok!

Du bis de ruggen Wiäge gaohen,
Du häs de sure Arbeit daohen,
Nu nimm din beste Sunndagskleed,
Nu stimm äs an din schönste Leed!
Häs lang´ genog tobuten staohen,
Nu sett di dahl an usen Häd!
Du bis den Ährenplatz wull wärt.

Augustin Wibbelt

Inhaltsverzeichnis

Vorwort

Wäre es nicht schön, wenn man etwas auf Münsterländer Platt sagen könnte? Und das auch dann, wenn man ansonsten kein Plattdeutsch kann und es auch nicht erlernen möchte?
Dann ist es einfach die Freude daran, ein Wort oder einen Satz auf Plattdeutsch sprechen zu können. So ähnlich ist es ja auch, wenn Leute etwas in Englisch oder in der alten Münsterschen Geheimsprache Masematte zum Besten geben, ohne weitere Kenntnisse in diesen Sprachen zu haben.
Freude am Plattdeutschen werden vor allem Menschen haben, die den Klang dieser deftigen Sprache noch aus ihrer Familie, dem Wohnumfeld oder dem Freundeskreis im Ohr haben. Ihnen ist oft daran gelegen, etwas zum Erhalt der alten Muttersprache der Münsterländer beizutragen. Wer Plattdeutsch spricht, zeigt auch damit, dass er ein regionales Kulturgut pflegen möchte.
In der deftigen Muttersprache der Münsterländer klingt manches urwüchsiger und kraftvoller als im Hochdeutschen. Platt ist eine sehr direkte Sprache. Viele hören den Wohlklang des Plattdeutschen gern und erfreuen sich an der bildhaften Sprache.
Dieses Büchlein – das „Bööksken“ – will kein Sprachführer oder gar ein Lehrbuch sein. Es will vielmehr eine kleine Hilfe sein, verschüttete Schätze wieder hervorzuholen und zu pflegen. Man kann viele genannte Beispiele auch durch eigenes Wissen ergänzen oder ersetzen.
Im kleinen Lesebuch laden Gedichte und Geschichten alter und neuer Autoren dazu ein, etwas auf Plattdeutsch vorzutragen oder die eigene Sprachfähigkeit zu erproben.

Die plattdeutschen Lebensweisheiten geben die Erfahrungen der Menschen auf dem Lande über viele Generationen wieder.
Viele Redewendungen, Sprüche und auch einige Döhnkes, Vertellsels und Lieder könnte man sich bei passender Gelegenheit gemeinsam zu Gemüte führen. Gelegenheiten bieten etwa Treffen mit Familienangehörigen, Freunden und Bekannten.
Gerade ältere Menschen, die noch die alte Muttersprache im Ohr haben, werden sich freuen, wenn sie etwas auf Plattdeutsch hören oder sogar noch eine „Muul vull Platt küern" können. Das gilt wohl in besonderer Weise für pflegebedürftige Ältere und Menschen mit Demenz, die ja oft noch einen Wortschatz aus der Kindheit und Jugendzeit präsent haben. Durch einige plattdeutsche Redewendungen könnte man ihnen vielleicht Zugang und Nähe vermitteln. Dazu finden Sie in diesem „Böökskenʺ einige Anregungen und Hilfen.
Use Platt häört up en Ährenplatz, wi müet't aower uppassen, dat't dao nich inschlöpp!

Zur Aussprache

Die Aussprache des Plattdeutschen ist nicht so schwierig, wie es scheint. Plattdeutsch wird im ganzen Münsterland ähnlich gesprochen. Größere Unterschiede gibt es allerdings zwischen dem Sandplatt im Westmünsterland und dem Kleiplatt im Kernmünsterland.
Im Plattdeutschen gibt es keine verbindliche Rechtschreibung. Die hier gewählte Schreibweise versucht, der Aussprache des Platt, das im Kernmünsterland gesprochen wird, nahe zu kommen. Die Schreibweise orientiert sich oft am Hochdeutschen – allerdings bei einzelnen Autoren unterschiedlich.
Auf einige Besonderheiten ist aber zu achten:

- „*ao*“ hört sich an wie „o“ in „Onkel“ oder „offen“, ist aber oft lang wie in „*Waort*“ (Wort).

- „*ie*“ spricht man teils zusammen wie „*bieten*“ (beißen) und teils getrennt wie „*Hi-e-ge*“ (Hecke). Die getrennte Aussprache wird bei manchen Autoren dadurch kenntlich gemacht, dass der auf das „*ie*“ folgende Konsonant verdoppelt wird, also „*Hiegge*“, oft auch durch ein Trema.

- bei getrennter Aussprache des „*i-e*“ und „*u- e*“ klingt das *e* an wie in Wortendungen.

- „*ue*“ und „*uo*“ trennt man ebenfalls; z. B. „*ku-emen*“ (kommen), „*ku-oken*“ (kochen).

- „*g*“ am Wortanfang wird meistens wie das hochdeutsche „ch“ gesprochen; z.B. „*guet*“ = „*chuet*“ (gut).

- „*s*“ am Wortanfang ist scharf; z. B. „*säggen*“ = „ßäggen“ (sagen).

Noch ein Tipp:
Man lernt die Aussprache am besten, wenn man laut liest. Dann bekommt man eher ein Gespür für den deftigen Klang.
Die unterschiedliche Rechtschreibung der Autoren bleibt unberührt.

*Un nu män to, un kiene Angst v*ör Feihlers! *Wi makt alle wecke!*

Dat mennt auk de plattdütschke Autor Hannes Demming in sien Gedicht

Moot maaken

Nu luster! Ick vertell di wat.
Et is män half so wild met't Platt.
Du nimps dat -g- guet in de Snuut
un läötts dat -ao- äs't mott, haruut.
Dat -r- sall richtig rullen. Ran!
Vüörn met de Tunge setts du't an;
s-p, s-t bliewt fien för sick,
un s-c-h kümp nich te dick.
So niäbenbi: An'n Anfank -s-
*ni*ëhm alltied scharp, jüst äs in „ seß“!
Dat -g- häs du in „gröön“ un „graut“,

dat -r- in „Rööwen", „rausenraut",
s-t in „Steen", s-p in "Spiëll",
dat s-c-h in "scheef" un "Schüëll";
en -ao- finns du in „Haor" un „Kaorn",
in „daor" un „aower", „blao" un "Gaorn".
Wiß gäff et dann noch dütt un dat,
män so häs daon den iärsten Tratt,
läöpps plattdüütsk in de rechte Richt
un miärks: De Spraoke is jä licht!
Maak't Muul laoß! Dat is't A un O.
Met Moot vüöran! Nu küer! *Män to!*

Begrüßung und Abschied

Met den Hoot in de Hand kümms du dör dat ganze Land.

Wenn man sich trifft und begrüßt, ist das eine gute Gelegenheit, etwas auf Platt zu sagen. Damit zeigt man auch, dass man sich über eine Antwort in Plattdeutsch freuen würde.

Guten Morgen!	*Gueten Muorn!*
	Muorn!
	Moin!
Hast du gut geschlafen?	*Häs du guet schlaopen?*
Haben Sie gut geschlafen?	*Häbt Ji guet schlaopen?*
Antwort:	
Es geht so.	*Et geiht so.*
Ja, sehr gut.	*Jau, düftig guet.*
Guten Tag!	*Gueten Dagg (in´t Huus)!*
	Schön, dat ick di seih!

	Ick frei mi, dat du kümms.
Guten Abend (zusammen)!	*Gueten Aobend (bineene)!* *Meinee, wat 'ne* *Üöwerraschkung!*
Komm herein!	*Kuemm harin!*
Nimm Platz!	*Sett di daal!* *Gaoh sitten!*
Wie geht es dir (Ihnen)? Bist du gut zurecht? Antwort: Ja, es geht mir (sehr) gut. Es geht so. Es könnte wohl (ein bisschen) besser sein.	*Wu geiht`t di (Ju)?* *Büs du guet trächt?* *Jau, et geiht mi (düftig) guet.* *Et geiht so.* *Et könn wull (en biettken)* *biätter sien.*
Was gibt es Neues? Antwort: Nicht so viel. Ich muss dir was erzählen. Was ich dir noch sagen wollte …	*Wat giff't Nies?* *Nich so viell.* *Ick mott di wat vertellen.* *Wat ick di no säggen* *wull...*
Gott helfe dir (euch)! (Gruß für einen Arbeitenden)	*Gott helpe di(ju)!*

Antwort:	
Gott lohne es!	*Gott lauhn!*

Und so kann man sich nach einem Treffen mit guten Wünschen verabschieden:

Auf Wiedersehen!	*Guet gaohn!* *Wi willt us up´n Patt maken.* *Laot(t) di (ju) wat!*
Antwort:	
Auch so!	*Auk so!*
Halte(t) dich(euch) munter!	*Holl(t) di(ju) munter!*
Lasst es euch gut gehen!	*Laot ju´t guet gaohn!*
Halte dich gesund!	*Holl di fucht (krieggel)!*
Bleib´ gesund (und liquide)!	*Bliew gesund (un liquide)!*
Tue dich hin!	*Doo di hen!*
Sieh´ zu!	*Seih to!*
Kommen Sie gut nach Hause!	*Kuemmt Se guet nao Huus!*

Bis zum nächsten Mal!	*Bes to´t naichste Maol!* *Bes up´n anner Maol!* *Bes düsse Dage!*
Bis dann!	*Bes dann!*
Schau mal wieder rein!	*Kiek äs wier harin (to)!*
Komm mal wieder herein!	*Kuemm äs wier harin!* *Laot di äs maol wier seihn!*
Gruß (zu Hause)!	*Kumpelment (an Huse)!*
Mit herzlichen Gruß! (im Brief)	*Met´n hiärtlick Kumpelment!*
Gute Nacht!	*Guete Nacht (binanner)!*
Schlaf gut! Antwort: Du auch!	*Schlaop guet!* *Du auk!*
Leg dich warm weg!	*Legg (Pack) die warm weg!*

Bitten und danken

Jede Arbeit is iähren Dank wärt.

Kannst du mir mal helfen?	*Kanns du mi äs helpen?*
Könnt ihr mich mitnehmen?	*Küennt ji mi metniemmen?*
Kannst du mir mal die Butter geben?	*Kanns du mi äs de Buotter giebben?*
Kannst du mal die Tür zu machen? Es zieht.	*Kanns du äs de Düör tomaken? Et tüht!*
Könnt ihr mir mal tragen helfen?	*Küent ji mi äs driägen helpen?*
Hast Du wohl was zu trinken? Ich habe (ein bisschen) Durst.	*Häs du wull wat te drinken? Ick häff (en biettken) Duorst.*
Habt ihr vielleicht ein Glas Wasser (Bier) für mich?	*Häbt ji villicht en Glas Water (Beer) för mi?*
Herzlichen Dank für… Ich bedanke mich für…	*Hiärtlicken Dank för... Ick bedank mi för...*
die Einladung!	*de Inladung!*

Essen und Trinken!	*Iätten un Drinken!*
die Blumen!	*de Blomen!*

Über mich und andere

Do, wat du wuss, de Lüe küert doch.

Im Gespräch wird man oft danach gefragt, wie es einem geht und was man so macht.

Wie geht´s Dir (euch)?	*Wu geiht di´t (ju)?*
Mir (uns) geht es (sehr) gut.	*Mi (us) geiht et (düftig) guet.*
Heute bin (sind wir) zufrieden.	Vandage *sin ick (sind wi) tefriär.*
Es ist mir warm (heiß/kalt).	*Et is mi warm (heet/kaolt).*
Ich friere.	*Mi früss.* *Ick sin kaolt.*
Sie müssen (stark) schwitzen.	*Se müet´t (derbe) schweeten.*
Ich habe mich gestern (etwas) erkältet.	*Ick häff mi gistern (en biettken) verköhlt.*
Heute will ich mich ausruhen.	*Vandage will ick mi rössen.*
Meistens geht sie spät	*Miärsttiet geiht se laat nao*

schlafen.

Berr.

Heute Nacht habe ich gut (schlecht) geschlafen.

Vannacht häff ick guet (schlecht) schlaopen.

Die Kinder haben Hunger.

De Kinner häbt Schmacht.

Ich lese gerade Zeitung.

Ick kiek gra in't Blättken.

Wir gucken heute Abend Fernsehen.

Wi kiekt vanaobend Fernsehen.

Wir tun diese Woche nicht viel.

Wi doot düsse Wiärk nich viell.

Sie sitzt in der Küche.

Se sitt in de Küek.

Wir sitzen in der guten Stube.

Wi sitt't in'n besten Stuben.

Die Nachbarn kommen morgen zum Kaffeetrinken.

De Naobers kuemmt muorn to't Kaffedrinken.

Meine Brüder und ich spielen (Karten).

Miene Bröers un ick spiellt (Karten).

Manchmal gehe ich zu Fuß (fahre ich mit dem Fahrrad) ins Dorf.

Mangst gaoh ick te Foot (föhr ick met't Fahrrad) nao't Duorp.

Unsere Kinder fahren mit dem Fahrrad zur Schule.	*Use Kinner föhert met't Fahrrad (met'n Draohtiessel) nao de School.*
Wir waren (gestern) in Havixbeck.	*Wi wassen (gistern) in Havkesbieck.*
Er ist (heute) in Burgsteinfurt.	*He is (vandage) in Stemmert.*
Ich fahre (morgen) nach Münster.	*Ick föher muorn nao Mönster.*
Ich bin... Jahre alt und wohne in Billerbeck.	*Ick sin... Jaohre aolt un wuehn in Billerbieck.*

Wenn man mit anderen zusammenkommt, sagt man ihnen gern etwas Freundliches – manchmal aber auch etwas Kritisches. Schlecht geredet wir oftmals über andere, die nicht anwesend sind. Über diese Unart kennt der Volksmund den selbstkritischen Satz:

Ich kann drei Sprachen: hochdeutsch, plattdeutsch und über andere Leute.	*Ick kann drei Spraoken: hauchdütschk, plattdütschk un üöwer anner Lüe.*

Hier nun einiges, was man über andere sagen könnte:

Du bist...	*Du büs...*
Er (sie) ist...	*He (se) is...*

Sie sind…	*Se sind...*
freundlich	*fröndlick*
ehrlich	*ährlick*
fleißig	*flietig*
zäh	*taoh*
sparsam	*spaorsam*
faul, langsam	*fuul, kümp nich uut de Strük*
geizig	*kniepig, knickerig*
hinterhältig	*nickelig*
groß	*graut*
klein	*minn*
dick	*kumplett*
dünn	*schnao*
quengelig	*knütterich*
unordentlich	*schlodderich, schlörig*
ordentlich	*akraot, üörnlik*
höflich	*arig*
fein	*fien*

Die Antwort darauf, was man über andere sagt, kann natürlich sehr unterschiedlich ausfallen. Bestätigend könnte die Antwort in Plattdeutsch etwa lauten:

Dat maggs wull säggen.

Familie

De Koh hätt licht vergiätten, dat se en Kalf west is.

Das ist (sind)…	*Dat is (sind)…*
Darf ich dir…vorstellen?	*Draff ick di…vörstellen?*
meine Frau	*miene Frau*
mein Sohn	*mien Suohn*
meine Tochter	*miene Dochter*
mein Vater	*mien Vader*
meine Mutter	*miene Moder*
meine Eltern	*miene Öllern*
mein Bruder	*mien Broer*
meine Schwester	*miene Süster*
mein Opa	*mien Opa*
	mien Bessvader
meine Oma	*miene Oma*
	miene Bessmoder
mein Enkelkind	*mien Kinnerskind*
mein Schwager	*mien Schwaoger*
meine Schwägerin	*miene Schwäögerin*
mein Schwiegersohn	*mien Schwiegersuohn*
meine Schwiegertochter	*miene Schwiegerdochter*

Essen und Trinken

Iätten un Drinken hollt Lief un Siäl bineen.

Neben dem Wetter sind Essen und Trinken beliebte Gesprächsthemen. Bei der folgenden Aufzählung von Speisen stehen Münsterländer Spezialitäten oben an.

Ich esse (nicht so) gern…	*Ick iätt (nich so) gärn…*
Bei uns gibt es heute…	*Bi us gifft vandage…*
Bei uns gab es (gestern)…	*Bi us gaff't (gistern)…*
Braten	*Braoden*
Fleisch	*Fleeschk*
Rindfleisch mit	*Rindfleeschk met*
Zwiebelsauce	*Siepelsoße*
Schinken (gekochter…)	Schinken *(kuokten…)*
Töttchen	*Töttken*
Leberbrot	*Liäwerbraut*
Wurstebrot	*Wuorstebraut,*
	Möppkenbraut
Himmel und Erde (Apfelgemüse)	*Hiemmel un Äer*
Grünkohl	*Moos*
Mettwurst	*Mettwuorst*
Suppe	*Supp*
Erbsensuppe	*Iärftensupp*
Kartoffelsuppe	*Kartuffelsupp*
Hochzeitssuppe	*Hochttietssupp*

Pfannkuchen	*Pannkoken*
Sauerkraut	*Suermoos*
Gemüse	*Gemöös*
Möhren	*Wuordeln*
Kartoffeln	*Kartuffeln*
Bohnen (dicke…)	*Bauhnen (graute...)*
Herrencreme	*Herrencräm*
Stippmilch (mit Schwarzbrot)	*Stippmiälk (met Schwattbraut)*
Waffeln, Eiserkuchen	*Ieserkooken*
Zwieback	*Beschüüt*
Kuchen	*Kooken*
Apfelkuchen	*Appelkooken*
Pflaumenkuchen	*Prumenkooken*
Brot	*Braut*
Schwarzbrot	*Schwattbraut*
Weissbrot	*Witten Stuten*
Obst	*Obst*
Äpfel	*Appels*
Birnen	*Biärnen*
Kirschen	*Kiärssen*
Pflaumen	*Prumen*
Apfelsinen	*Appelsinen*
Das hat gut geschmeckt.	*Dat hätt guet schmaakt.* *Dat kanns wull iäten* (Lob). *Dao kanns nix van säggen.* (Lob)

Das war lecker.	*Dat was lecker.*
	Du häs wat Leckers kuokt.
Das war (ein bisschen) …	*Dat was (en biettken) ...*
scharf	*scharp*
trocken	*drüge*
laff	*laff*
wunderbar	*wunnerbar*
auf den Punkt	*up'n Punkt*
Das mag ich (nicht so) gern.	*Dat magg ick (nich so) gärn.*
Ich trinke gern…	*Ick drink gärn...*
Wir trinken gern…	*Wi drinkt gärn...*
Milch	*Miälk*
Buttermilch	*Känemiälk, Buottermiälk*
Kaffee	*Kaffee*
Wasser	*Water*
Apfelsaft	*Appelsapp*
Bier	*Beer*
Korn	*Schnaps, Klaoren*
Wein	*Wien*
Aufgesetzter	*Upgesettden*
Wir haben gestern etwas viel getrunken.	*Wi häbt gistern en bittken viell drunken.*

Wenn jemand zu viel getrunken hat, dann hat man im Plattdeutschen deftige Ausdrücke für den Grad des Betrunkenseins. Das klingt dann so:

- *küerndick, wenn een de Wäörde nich mähr akraot vörneen kriegen kann,*
- *bümmeldick, wenn een nich mähr so rächt liek uut gaohn kann,*
- *stüörtendick, wenn een sick nich mähr guet up de Been hollen kann,*
- *gauskendick, wenn de Gefaohr dao is, dat een up de Straot daal schl*ött,
- *schietendick, wenn een total besuoppen is.*

Söte Miälk is för de Kinner,
sure Miälk is för de Schwien,
Water is för Piär un Rinner
Un för us gaff Gott den Wien.
(Balkenspruch)

Gesundheit und Krankheiten

De beste Krankheit döch nich.

Das Thema Gesundheit steht bei Gesprächen oft obenan – und das verständlicherweise gerade bei älteren Menschen. Was man so alles haben kann!

Bist du gesund und munter?	*Büs du gesund un munter?*
Antwort:	
Ja, ich bin kerngesund.	*Jau, ick sin kärngesund.*

Es könnte (nicht) besser sein.	*Et könn (nich) biätter sien.*
Für mein Alter geht es mir noch ganz gut.	*Man döht sick so hen in't Aoller, aower süs geiht't gans guet.*
Ich fühle mich (nicht so) gut.	*Ick föhl mi (nich so) guet.* *Ick sin en biettken lurig.* *Ick sin (nich so) guet up'n Damm.*
Ich habe…	*ick häff...*
mich erkältet.	*mi verköhlt.*
Kopfschmerzen.	*Koppien.*
Zahnschmerzen.	*Tannpien.*
mir den Arm (das Bein) gebrochen.	*mi den Arm (dat Been) bruoken.*
Bauchschmerzen.	*Buukpien.*
Herzklopfen.	*Hiärtklabastern, -kloppen.*
Mir tut (tun)…weh.	*Mi dööt (doot)...weh.*
das Gesäß	*dat Gatt (Ächterpant, Ächtste)*
die Beine	*de Beene*
die Kniee	*de Knei*
der Rücken	*de Rüggen (Puckel)*

Ich bin (noch nicht)	*Ick sin (no nich)*
wieder gesund.	*wier guet up´n Damm (End).*

Arbeit, Haus und Garten

Van nicks kümp nicks.

Mit Arbeit verbringen wir einen Großteil des Tages und des Lebens. Deshalb wird über das Arbeiten auch viel geredet. Da geht es um den Beruf und Arbeiten in der Freizeit. So kann man z.B. sagen:

Ich bin…	*Ick sin…*
Bauer.	*Buer.*
Gärtner.	*Gäörner.*
Maurer.	*Müerker.*
Maler.	*Anstrieker.*
Arbeiter.	*Arbeider.*
Lehrer.	*Magister, Lährer*
Lehrerin.	*Lährin, Juffer.*
Kaufmann.	*Kaupmann, Hannelsmann.*
Rechtsanwalt.	*Avkaot.*
auf dem Büro.	*up´t Büro.*
Wir haben im Garten gearbeitet.	*Wi häbt in´n Gaoren arbeit´t.*
Gestern haben wir im Supermarkt eingekauft.	*Gistern häbt wi in´n Supermarkt inkofft.*
Bernhard hat den	*Natz hätt den*

Rasen geschnitten.	*Raosen schniedden.*
Hans hat das Auto in die Werkstatt gebracht.	*Jans hätt dat Auto in de Wiärkstiär bracht.*
Ich habe (heute) Holz gehackt.	*Ick häff (vandage) Holt klein makt.*
Unser Hans hat Äpfel gepflückt.	*Use Jans hätt Appeln plückt.*
Unsere Elisabeth hat Blumen gepflanzt.	*Use Libbet hätt Blomen puort´t.*
Ich muss noch Schularbeiten machen.	*Ick mott no Schoolarbeiden maken.*
Ich muss noch in den Stall zum Füttern.	*Ick mott no in´n Stall to´t Fohern.*
Wir haben gestern Fußball im Fernsehen angeguckt.	*Wi häbt gistern Fußball in´t Fernsehen ankiecken.*
Wir haben heute Erbsensuppe gekocht.	*Wi häbt vandage Iärftensupp kuockt.*
Meine Frau hat das Wohnzimmer aufgeräumt.	*Miene Frau hätt den „Besten Stuoben“ uprümt.*

Gestern war der
Schornsteinfeger da.

Gistern was de
Schuortsteenfiäger dao.

Ich habe gerade meine
E-Mails angesehen.

Ick häff gra miene
E-Mails ankiecken.

Wetter und Kleidung

...un ächter de Wolken schinnt doch de Sunn.

Über das Wetter wird gerade auf dem Lande viel gesprochen. Das Thema Wetter eignet sich auch gut für den Einstieg in ein Gespräch.

Hochdeutsch	Plattdeutsch
Schönes Wetter heute. Man kann im Hemd (mit kurzen Ärmeln) gehen.	*Schön Wiär vandage. Kanns in´n Hiemmd (met kuorte Mauen) gaohn.*
Schlechtes Wetter heute.	*Schlecht Wiär vandage.*
Die Sonne scheint, man sollte eine Sonnenbrille aufsetzen.	*De Sunn schinnt, man söll ´ne Sunnenbrill upsetten.*
Es ist sehr heiß (warm) draußen. Man könnte in kurzer Hose laufen.	*Et is wahn heet (warm) buten. Man könn in ´ne kuorte Büks laupen.*
Sehr windig heute. Setz dir mal eine Mütze auf!	*Wahn winnig vandage. Sett di män ´ne Müschk up!*
Es ist kalt (nasskalt) draußen.	*Et is schudderig kaolt (nattkaolt) buten.*
Man sollte eine warme Jacke anziehen.	*Man söll ´n warm Wams antrecken.*

Es wird wohl Regen
(ein Gewitter) geben.

Et sall wull Riängen
(en Grummelschuer) giebben.

Es regnet (schneit) stark.

Et riängt (schniet)düftig.
Et riängt äs unwies.
Et is an't Schnieen.

Bei uns liegt Schnee.
Am besten ziehst du deine
dicken Schuhe an.

Bi us ligg Schnai.
Am besten trecks du diene
dicken Schohe an.

Es ist drinnen besser als
draußen.

Et is binnen de Pöst biätter äs
buten.

Heute, morgen, gestern

Vandage was gistern no muorn un is muorn all gistern.

heute	*vandage*
morgen	*muorn*
übermorgen	*üöwermuorn*
gestern	*gistern*
vorgestern	*vörgistern*
bald	*boll, wanners*
immer	*ümmer*
sofort	*faorts*
seit	*siet*
schnell	*gau*
nächstens	*naichstens*

Bist du (Seid ihr) heute zu Hause?	*Büs du (Sind ji) vandage to Hus?*
Ich bin (Wir sind) heute zu Hause.	*Ick sin (Wi sind) vandage to Hus.*
Hast du (Habt ihr) heute gut geschlafen?	*Häs du (Häbt ji) vandage guet schlaopen?*
Ich habe (Wir haben) heute gut geschlafen.	*Ick häff (Wi häbt) vandage guet schlaopen.*

Ich komme (Wir kommen) heute später nach Hause.	*Ick kuemm (Wi kuemmt) vandage läter nao Huse.*
Machst du (Macht ihr) morgen eine Radtour?	*Mäcks du (Makt ji) muorn ´ne Radtour?*
Ich mache (Wir machen) übermorgen eine Radtour.	*Ick mak (Wi makt) üöwermuorn ´ne Radtuer.*
Warst Du (Wart ihr) gestern nicht zu Hause?	*Wass du (Wassen ji) gistern nich an Huse?*
Ich war (Wir waren) vorgestern in Telgte.	*Ick was (Wi wassen) vörgistern in Telligt.*
Hast du (Hattet ihr) gestern bei mir angerufen?	*Häs du (Häbt ji) gistern bi mi anropen?*
Ich hatte (Wir hatten) vorgestern Besuch.	*Ick har (Wi härn) vörgistern Besöök.*
Ich kam (Wir kamen) gestern durch Billerbeck.	*Ick kamm (Wi kaimen) gistern düör Billerbieck.*
Sie waren gestern auf der Kirmes.	*Se wassen gistern up de Kiärmes.*
bald	*boll*

übermorgen	*üöwermuorn*
diese (nächste, letzte)	*düsse (naichste, läste)*
Woche	*Wiärk*
Monat	*Monnat*
Jahr	*Jaohr*

Wochentage und Monate

Wat du vandage doon kanns, dat verschuwe nich up muorn.

Montag (montags)	*Maondagg (maondaggs)*
Dienstag (dienstags)	*Dingsdagg (dingsdaggs)*
Mittwoch (mittwochs)	*Mittwoch (mittwochs), Gunsdagg (gunsdaggs)*
Donnerstag (donnerstags)	*Donnersdagg (donnersdaggs)*
Freitag (freitags)	*Friedagg (friedaggs)*
Samstag (samstags)	*Samsdagg (samsdaggs), Saoterdagg (saoterdaggs)*
Sonntag (sonntags)	*Sunndagg (sunndaggs)*
Es ist heute Sonntag.	*Et is vandage Sunndagg.*

Die Monate werden heute meistens so benannt wie im Hochdeutschen. Nur für den März sagt man noch oft *Märten.*

Früher hatte man für die Monate noch klangvolle plattdeutsche Namen wie *Harremaond* für Januar, *Hiärfstmaond* für September oder *Christmaond* für Dezember.

Jahreszeiten, Feiertage, Feste

Man mott de Feste fieern äs se fallt.

Frühjahr	*Fröhjaohr*
Sommer	*Summer*
Herbst	*Hiärwst*
Winter	*Winter*
Neujahr	*Niejaohr*
Gutes Neues Jahr!	*Glücksiäligs Niejaohr!*
Antwort:	
Gebe Gott, es würde wahr!	*Gieww Gott, et wüör waohr!*
Heilige Drei Könige	*Hillige Drei Küenige*
Fastnacht	*Fastaobend*
Aschermittwoch	*Aschkedagg*
Palmsonntag	*Palmsunndagg*
Karfreitag	*Stillen Friedagg*
(Frohe) Ostern	*(Frohe) Ostern (Paoschken)*
(Frohe) Pfingsten	*(Frohe) Pingsten*
Allerheiligen	*Allerhilligen*
Nikolaustag	*Sünte Klaos*
Heiliger Abend	*Hillig Aobend*
(Frohe) Weihnachten	*(Frohe) Wiehnachten*
Silvester	*Sülvester*
Tage zwischen Weihnachten	*Tüschken de Jaohre*

und Heilige Drei Könige

Kirmes	*Kiärmis*
Schützenfest	*Schüttenbeer*

Glückwünsche

Plattdeutscher Glückwunsch zum Geburtstag älterer Menschen:

So viell (...) Jaohr büs nu all pättket,
so viell Jaohr all up'n Patt.
Büs mannig schöne Pättkes pättket,
aower auk manch suren Patt.
En suren Patt moss nich mähr pättken,
en suren Patt is viell to schwaor.
Dat blaus no schöne Pättkes pättkes,
dat wünschk(t) ick (wi) di no vielle Jaohr.

Gebet zum Geburtstag:

Leiwe Här, laot mi doch hier unnen
no en paar Jäöhrkes metlaupen,
du kanns se mi jä van de Ewigkeit wier aftrecken.

Herzlichen Glückwunsch	*Hiärtlicken Glückwunschk*
zu…	*to...*
Ich gratuliere…	*Ick graleer...*
Wir gratulieren…	*Wi graleert...*
dir zu deinem Geburtstag.	*di to dienen Geburtsdagg.*
dir zu deinem Namenstag.	*di to dienen Namensdagg.*
euch zu eurer Hochzeit.	*ju to jue Hochtiet.*
euch zu eurer Silberhochzeit.	*ju to jue sülwerne Hochtiet.*

(25 Jahre).	
euch zu eurer goldenen Hochzeit.	*ju to jue güldene Hochtiet.*
(50 Jahre)	
euch zu eurer diamantenen Hochzeit (60 Jahre).	*ju to jue diamantene Hochtiet*
Euch zu eurer eisernen Hochzeit (65 Jahre)	*ju to jue ieserne Hochtiet.*
dir zu deinem Jubiläum.	*di to dien Jubiläum.*
dir zu deiner Prüfung.	di *to diene Prüfung.*

Zahlen

1	*een*
2	*twee*
3	*drei*
4	*veer*
5	*fief*
6	*sess*
7	*siebben*
8	*acht*
9	*nieggen*
10	*teihn*
11	*elben*
12	*twiälf*
13	*diärteihn*
14	*vetteihn*
15	*füffteihn*
16	*sessteihn*
17	*siebbenteihn*
18	*achtteihn*
19	*nieggenteihn*
20	*twintig*
21	*eenentwintig*
22	*tweenntwintig*
30	*diärtig*
40	*vettig*

50	*füfftig*
60	*sesstig*
70	*siebbensig*
80	*achsig*
90	*nieggensig*

100	*hunnert*
101	*hunnerteen*
200	*tweehunnert*

1.000	*dusend*
10.000	*teihndusend*
100.000	*hunnertdusend*
1.000.000	*milljon*

…erste…	*...iärste...*
…zweite…	*...twedde...*
…dritte…	*...diärde...*
...vierte…	*...veerte...*
…zehnte…	*...teihnte...*

Im Jahr…	*In dat Jaohr...*
vor (nach) Christus	*vör (nao) Christus*
805	*achthunnertfief*
wurde das Bistum Münster	*wuor dat Bistum Mönster*

gegründet.	*grünnt.*
1648	*sessteihnhunnertachtunvettig*
wurde der Westfälische	*wuor de Westfäölschke*
Friede geschlossen.	*Friär schluotten.*

Uhrzeit und Tageszeit

De Härgott gaff us de Tiet, aower van Hassebassen hätt he nicks säggt.

Wie spät ist es?	*Wu laat is´t?*

Im Plattdeutschen wird nur die Zwölfer-Einteilung benutzt.

Es ist 8 nach 10.	*Et is acht nao teihn.*
Es ist 1 Uhr.	*Et is een Uhr. Et is Klock een.*
Es ist 5 nach eins (1:05, 13:05).	*Et is fief nao een.*
Es ist 5 vor eins (0:55,12:55).	*Et is fief vör een.*
Es ist viertel nach (vor) eins.	*Et is veertel nao (vör) een.*
Es ist halb eins.	*Et is half een.*
Es ist halb vier nachmittags (15:30 Uhr).	*Et is half veer naomeddaggs.*

Es ist halb neun abends (20:30 Uhr).	*Et is half nieggen aobends.*
Ich bin heute um viertel vor 12 von zuhause weggegangen.	*Ick sin vandage üm veertel vör twiälf van Huus weggaohn.*
morgens	*muorns*
mittags	*meddaggs*
nachmittags	*naomeddaggs*
abends	*aobends*
nachts	*nachts, nachens*
Ich stehe morgens (meistens) früh (spät) auf.	*Ick staoh muorns (merstiet) fröh (laat) up.*
Unsere Kinder gehen abends früh schlafen.	*Use Kinner gaoht aobends fröh nao Bedde.*
Unser Opa legt sich mittags schlafen.	*Use Opa mäck naomeddaggs siene Ünnerst (Unnerstunn).*
Wir fahren morgen früh um 10 Uhr nach Burgsteinfurt.	*Wi föhert muorn fröh üm teihn Uhr nao Stemmert.*

Geld

Well den Penning nich ährt, is den Daler nich wärt.

Das Geld spielt im Alltagsleben der Menschen eine große Rolle. Es vergeht wohl kaum ein Tag, an dem man nicht über Geld spricht.

Wieviel kostet das?	*Wat kost't dat?*
Das kostet…Euro.	*Dat kost't…Euro.*
250 Gramm Butter kosten 2,50 EUR.	*Tweehunnnertfüftig Gramm Buotter kost't twee Eurofüftig.*
1 kg Schweinefleisch kosten 7,20 EUR.	*Een Kilogramm Schwienefleschk kost't siebben Eurotwintig.*
Das ist aber teuer!	*Dat is aower düer!*

Obwohl wir heute den EURO haben, hört man immer noch alte Bezeichnungen für Geld auf Plattdeutsch. So spricht man von *Penningen* (Pfennigen), *Dalers* (Talern), *Gröschkens* (Groschen) und *Kassemännkes*.

Den Pfennig gab es bis zur Einführung des EUR. Er ist die älteste Münze im Münsterland. Es gab ihn schon im Jahr 1000 als „Mimigernaford-Phenninc".

Den Taler gab es früher als Münze. Er hatte einen Wert von 3 Mark.

Den Groschen als Münze gibt es schon seit mehr als 100 Jahren nicht

mehr. Die Münze hatte den Wert von 10 Pfennig. In der Zeit der DM gab es ein 10-Pfennig-Stück. Das bezeichnete man als Groschen.
Als *Kassemännken* bzeichnete man früher 25 Pfennig. Eine Münze mit diesem Wert gab es nie.

Markante Wörter

äösig	schmutzig
Apenköster	Affenküster (Schimpfwort)
Appeltiewe	Marktfrau
Baaskerl	Prachtkerl
Bangebücks	ängstlicher Mensch
batten	nützen, glücken
Blagen	Kinder (abfällig)
braken	rasen
Däern	Mädchen
Däöskopp, Dussel, Dämelack	Dummkopf
dick	betrunken
Döhnken, Vertellsel	Erzählung (lustig)
Döppekesdriewer	Taugenichts
Drilaiper	Halbwüchsiger
Drüemelkunt	trödeliger Mensch
Eenspänner	Junggeselle
flatteern	schmeicheln, zureden
fleitepiepen	von wegen
flukstrig	flatterhaft
Freisepinn	Mensch, der leicht friert
Gaffeltange	zänkisches Weib
gapen	gähnen
gneesen, gnöcheln	lächeln, schmunzeln
Gneesepinn	Geizhalz
gräsig	verärgert

grienensmaote	zum Weinen, dem Weinen nahe
Grummelschuer	Gewitter
hassebassen	hasten
hatthäörig	schwerhörig
Hieckeltiewe	Klatschbase
Hippenköster	sprunghafter, unzuverlässiger Mensch
Iärsse	Art
Juffer	Lehrerin, unverheiratet, Pastors Haushälterin
Kösters Kämpken	Friedhof
Kinner	Kinder
klabastern	schwerfällig rennen
kniepig	geizig
Kniepstiärt	Geizhals
Knütterpott	Quengler, weinlicher Mensch
köppschk	dickköpfig
Küerklaos	Schwätzer
Kumpelment	Gruß
kumplett	dick, beleibt
Leigenbühl	Lügner
Liederwams	liederlicher Mensch
lustern	hören
Mallöer	Unglück
Mauen	Hemdsärmel
Miegampel	Ameise

minnächtig	verächtlich
Möhne	Tante
Nachtuule	Nachtmensch (Schimpfwort)
nickelig	hinterhältig
obsternäötschk	aufsässig
Öhm an de Müer	Onkel auf dem Bauernhof
Piggenbruut	Hoferbin
Pinn in'n Kopp	eingebildet
plässerlick	angenehm
Pottkieker	neugieriger Mensch
Praohlbül	Prahler
Präötken	Gespräch
Prumenküötter (abwertend)	Besitzer eines Kottens
Puchbül	Prahler
Puckel	Rücken
Quaterbül, Quaterkunt	Schwätzer
quatern	quatschen
Quinten	Flausen
Rieckel, Nickel	verschlagener Mensch
schafuttken	schimpfen
schaluu	misstrauisch, hinterlistig, verlegen
Schlöer	unordentlicher Mensch
schlöerig	unordentlich
Schmacht	Hunger
Schmachtlappen	Hungerleider
schnao	schmal, dünn

simmeleern	grübeln, nachdenken
splienig	eingebildet
Sprüekskes	Redensarten, Sprüche
Staken unwies	total verrückt
Stiählдeif	Dieb
Twiärsdriewer	Quertreiber
Ünnerst, Unnerstunn	Mittagsschlaf
unwies	verrückt
uut de Tiet gaohn	sterben
vernienig	wütend
verquettken	verschwenden
Vertellsel	Erzählung
Wicht	Mädchen
Wiesepinn	Geizhals

Wörter aus dem Französischen

Es gibt viele deutsche Wörter, die aus dem Französischen stammen. Besonders viele sind es im Niederdeutschen – und so auch im Münsterländer Platt.

Wie kommt es nun, dass viele französische Wörter in den deutschen Sprachraum, und speziell in das Münsterland, Eingang fanden?

Die Sprachkontakte zwischen Franzosen und Deutschen reichen weit zurück ins Mittelalter. So hatten die Kirche, der Adel und der Handel schon immer Verbindungen zwischen beiden Ländern.

In den höheren Kreisen galt es als fein, Französisch „parlieren“ zu können oder zumindest einige französische Wörter zu beherrschen. An Königs- und Fürstenhäusern war Französisch oftmals sogar die Umgangssprache.

Nach 1685 machte sich auch der Einfluss der nach Deutschland geflohenen Hugenotten regional bemerkbar.

In der sogenannten Franzosenzeit unter Napoleon kamen auch viele französische Wörter nach Deutschland. Die Franzosen beherrschten in der Zeit von 1806 bis 1813 auch das Münsterland. Zeitweise gehörte das Münsterland sogar direkt zum Kaiserreich Frankreich. Von den Besatzern übernahmen breite Bevölkerungsschichten französische Wörter, die sich zum Teil bis auf den heutigen Tag erhalten haben.

Nachfolgend einige Wörter in Münsterländer Platt, die ihre Wurzeln im Französischen haben. Manche dieser plattdeutschen Wörter werden auch im Hochdeutschen gleichlautend gebraucht.

plattdeutsch	französisch	hochdeutsch
ästimeern	estimer	schätzen, hochachten
Beschüt	biscuit	Zwieback
Biljet	billet	Fahrkarte
flatteern	flatter	schmeicheln, gut zureden
Fissematenten	visite ma tente	leichtsinnige Tat, Unsinn
inviteern	inviter	einladen
Kabeleer	cavalier	Adeliger
Kannapee	canapé	Sofa, Couch
Kläöer	couleur	Farbe
kommodig	commode	bequem
krieschken	crier	schreien, grölen
kumpaobel	capable	fähig, stattlich
Kumpelment	compliment	Kompliment, Gruß
kumplet	complet	korpulent, dick
kuweern	couvrir	garantieren, versichern
kwiet	quitte	los, weg
Malesssen	malaise	Schwierigkeiten
Mallöer	malheur	Unglück
Mostert	moutarde	Senf
Paijatz	paillasse	Narr, Clown
Paraplü	parapluie	Regenschirm
partuu	partout	unbedingt

Perron	perron	Bahnsteig
Plässer	plaisir	Vergnügen
plümerant	bleu mourant	unwohl, übel
Predulje	bredouille	Bedrängnis
Portmanee	portemonnaie	Geldbörse
Praot	prêt	bereit
propper	propre	sauber, adrett
reselveert	résolu	resolut, mutig
riskeern	risquer	riskieren
Schäse	chaise	leichtes Gefährt
Schäselong	chaise longue	Liege
schaluu	jaloux	misstrauisch
Schamiesken	chemisette	Hemdeneinsatz, Vorhemd
Schandarm	gendarme	Polizist
schaneern	gêner	schämen
Schossee	chaussée	Landstraße
Simmeleern	simuler	nachdenken, grübeln
Tralje	treillis	Gitterstab, Sprosse
Trottoar	trottoir	Bürgersteig
Visiet	visite	Besuch

Wörter aus dem Lateinischen

Es gibt nicht nur viele deutsche Wörter, die aus dem Französischen stammen, sondern auch solche aus dem Lateinischen. Darunter sind auch plattdeutsche Wörter.

Wie kamen nun lateinische Wörter in die niederdeutsche Sprache?

Es begann mit der Römerzeit. Als die Römer Gebiete germanischer Stämme erobert hatten, übernahmen die Bewohner auch Ausdrücke der Besatzer.

Später nach der Christianisierung war Latein die Kirchensprache. Latein war auch bis in die Neuzeit hinein Amts- und Gerichtssprache.

Nachfolgend einige dieser plattdeutschen Wörter. Manche gibt es im Hochdeutschen nicht oder nicht mehr.

plattdeutsch	**lateinisch**	**hochdeutsch**
Afkaot	advocatus	Rechtsanwalt
Buotter	butyrum	Butter
Dubbelt	duplex	doppelt
Fuork	furca	Forke
kaduk	caducus	schwach, gefügig
Kaise	caseus	Käse
Kamp	campus	Feld
Kaor	carrus	Karre
Katt	catta	Katze
Klör	color	Farbe
Kump	cumba	Napf
Magister	magister	Lehrer

miegen	mingere	Wasser lassen
Müer	murus	Mauer
Muus	mus	Maus
Obsternäötschk	obstinatus	aufsässig
Pann	panna	Pfanne
Paohl	palus	Pfahl
Paort	porta	Tor
Paoschken	pascha	Ostern
Piäper	piper	Pfeffer
Planten	plantae	Pflanzen
Prume	prunum	Pflaume
Pund	pondo	Pfund
Sap	sapa	Saft
Saot	sata	Saat
schriewen	scribere	schreiben
simeleern	simulare	überlegen
Straot	strata	Straße
trecken	trahere	ziehen
Uule	ulula	Eule

Ortsnamen und Flussnamen im Münsterland

Ahaus	*Ausen*
Angelmodde	*Angelmuer*
Albersloh	*Albslauh*
Altenberge	*Ollenbiärg*
Ascheberg	*Aschkebiärg*
Beckum	*Biäkem*
Bevergern	*Biäwergärn*
Billerbeck	*Billerbieck*
Bösensell	*Baisensiäll*
Brochterbeck	*Brochterbieck*
Burgsteinfurt	*Stemmert*
Darup	*Daorpen*
Davensberg	*Davensbiärg*
Drensteinfurt	*Stewwert*
Emsdetten	*Detten*
Ennigerloh	*Iängerlauh*
Everswinkel	*Iärvswinkel*
Freckenhorst	*Friäkens*
Füchtorf	*Füchtrup*
Greven	*Graiwen*
Handorf	*Handuorp*
Havixbeck	*Havkesbieck*
Herbern	*Hiärbm*
Horstmar	*Huorsmer*
Ibbenbüren	*Ibbenbüern*
Kattenvenne	*Kattenvienn*

Kinderhaus	*Kinnerhuus*
Ladbergen	*Ladbiärgen*
Laer	*Laor*
Lüdinghausen	*Lünkhusen*
Mecklenbeck	*Mieckelnbieck*
Metelen	*Maideln*
Münster	*Mönster*
Neubeckum	*Niebiäkem*
Nienberge	*Nienbiärg*
Nordkirchen	*Nordkiärken*
Nordwalde	*Nordwoll*
Nottuln	*Notteln*
Oelde	*Üel*
Ostbevern	*Ostbiärm*
Osterwick	*Austerwick*
Rinkerode	*Rinkero*
Roxel	*Rauksel*
Saerbeck	*Saorbieck*
Sassenberg	*Sassenbiärg*
Schöppingen	*Schüörpingen*
Sendenhorst	*Sennhuorst*
Seppenrade	*Siäpro*
Sprakel	*Spraokel*
Steinfurt	*Stemmert*
Südkirchen	*Südkiärken*
Sudmühle	*Sudmüel*
Tecklenburg	*Tiäkenbuorg*
Telgte	*Telligt*

Tilbeck	*Tilbieck*
Venne	*Vienne*
Vorhelm	*Vüörhelm*
Walstedde	*Walst*
Warendorf	*Warnduorp*
Westbevern	*Westbiäm*
Westkirchen	*Westkiärken*
Wolbeck	*Wulbieck*

Aa	*Ao*
Bever	*Biäwer*
Bocholter Aa	*Bokelske Ao*
Steinfurter Aa	*Stemmerter Ao*
Ems	*Iämse*
Ibbenbürener Aa	*Ibbenbüerner Ao*
Meckelbach	*Miekelbieck*
Münstersche Aa	*Mönsterschke Ao*
Werse	*Wärse*

Lesebuch

To´t düörliäsen, vörliäsen un metliäsen
To´t vörsingen un metsingen

Dieser Teil des „Böökskens" enthält meist vergnügliche und heitere Gedichte und Geschichten von bekannten plattdeutschen Autoren – so von:
Augustin Wibbelt
Eli Marcus
Ottilie Baranowski
Josef Bergenthal
Hannes Demming
und
Besinnliches zu Weihnachten.

Die Döhnkes zeugen von dem hintergründigen Mumor der Münsterländer, die plattdeutschen Lebensweisheiten und Redensarten geben die Lebenserfahrungen der Menschen über viele Generationen wieder. In dem urwüchsigen und kraftvollen Platt kommt das Denken und Fühlen der Münsterländer besonders gut zum Ausdruck. Deshalb wird auf eine Übersetzung ins Hochdeutsche verzichtet.
Plattdeutsche Lieder laden zum Vorsingen und Mitsingen ein.
In diesem Leseteil wird die unterschiedliche Schreibweise der Autoren beibehalten.

Augustin Wibbelt

Dat aolle Platt!

Et klinget nich so smöh un smiedig[1]*,*
Et singet nich so söt un siedig,
Doch wat is dat?
Et lütt so trü un lütt so deftig,
Et grinnt[2] *so still un lacht so kräftig –*
Dat aolle Platt.

De Dissel

Mak doch nich so'n suer Gesicht!
Blomen staoht gewiß
Auk an dinen Wäg, un wenn't
Bloß ne Dissel is.

Si tofriden, gaoh män still
Dinen Wäg fördann!
Waocht, du wäs et no gewahr,
Wat de Dissel blaihen[3] *kann.*

---

1 geschmeidig
2 weint
3 blühen

So mögg ick sien

So mögg ick sien äs düsse Dag:
So siälenwarm un wiet,
So klaor in mienen Üöwerlag[4]*,*
So still un aohne Striet.

De Blomen staoht an Wiägesrand,
Dat Feld ligg vuller Gold.
Dorüöwerhiär de Himmel spannt
Sin Telt so blank un stolt.

So mögg ick sien: för annere riek
Un för mi sölwer froh,
Den Himmel drüöwer – dann is´t gliek,
Of´t so kümp oder so.

Din Lachen

Häör ick hell din Lachen klingen,
Lut[5] *harut un frie un frank,*
Geiht mi´n lustig Sunnenlöchten
Dör de Siälle warm un blank.

Un ick mein, de Welt wör schöner,
Un dat Liäben wör vull Glans –

---

4 Überlegung, Gedanken
5 laut

O, wat bis du üöwer Maoten
Riek, dat du so lachen kanns!

Dat Pöggsken

Pöggsken sitt in´n Sunnenschien,
O, wat is dat Pöggsken fien
Met de gröne Bücks!
Pöggsken denkt an nicks.
Kümp de witte Gausemann,
Hät so raude Stiewweln an,
Mäck en graut Gesnater,
Hu, wat fix
Springt dat Pöögsken met de Bücks,
Met de schöne gröne Bücks,
Met de Bücks in´t Water!

Äppelken will danzen

Äppelken, nu luster[6] *mi!*
Äppelken, ick raode di:
Laot dat Danzen sien!
Sitt nett stille,
Wenn de wille
Wind auk no so fien
Strick de Vigelin!

---

6 höre

Danzen is di nich gesund,
Bis jä viell to dick un rund,
Dick un rund üm't Lief;
Viell to kuott un stief
Is din Been,
Un du häs män een,
Häs män een alleen.

Äppelken is egensinnig,
Äppelken is wild un winnig,
Will dat Fleigen
Un dat Weigen,
Will dat Wippen
Un dat Tippen
Up de Tehnen[7]
Von den enen
Fot nich laoten.
Üöwer Maoten,
Krüs un quiär,
Hen un hiär,
Up un dahl,
Äs en Draum
Geiht dat Danzen dör den Saal
Buoben in den Baum –
Do fällt et harunner so holterdipolter
klabumm –
So dumm

7 Zehen

Grad up de Snut!
Danzen is ut.

De Kiepenkerl

Ick gaoh vergnögt dör't ganze Land,
Den Eekenknüppel in de Hand,
Up'n Nacken mine Kiepe,
In'n Mund de kuotte Piepe.

So geih't de aollen Hieggen[8] *langs*
In Sunnenschien dör Blomen mangs[9]
Un mangs in Sturm un Riäggen –
Un met mi geiht Guotts Siäggen.

Ick kenn se alle wiet un siet:
Hier wuhnt de Friäd un do de Striet,
Verscheiden Lüd un Hüse –
Un üöwerall sind Krüse.

Von Hus to Hus dör't ganze Land,
Do süht un häört man allerhand –
Ick will de Kiep afstellen
Un Ju en lück[10] *vertellen.*

---

8 Hecken
9 manchmal
10 bisschen

Min Waort is nao de aolle Welt,
Siliäwen[11] *häff'k mi nich verstellt.*
Well dat nich kann verdriägen,
Kann gaohen minetwiägen.

Vertellen wick van allerlei –
Kumm, Jüngsken, sett di up min Knei!
Haoh! Erst de Piep utkloppen
Un rask ne friske stoppen!

11 mein Lebtag

De niee Knecht

„Also fiefhunnert Mark Monatslauhn“, sagg de niee Knecht, „un dann natürlick auk de Stüern un wat der anhänk.“

„Is gutt“, sagg de Buer.

Na, dann mött Ji minen Vader dat Land bestellen, un Katuffeln mött wi auk häbben un en Föhr Hai (Fuder Heu) *för de Koh.“*

„Is gutt“, sagg de Buer.

Un dann to Wiehnachten, wat gerade so päß, en Paar niee Schoh oder en Rock, oder en paar Schüötten (Schürzen) *för min Moder, en Kistken Sigarren – na, ick segg do fröh genog üöwer Bescheid, wat mi so am besten utkümp!“*

„Is gutt“, sagg de Buer.

Un dann, wenn Ji slacht't, en paar Mettwüörst för min Moder un no ne Liäwerwuorst un en Moppkenbraut un to Ostern en Küörfken Ostereier. Ick för mine Person mott to Teihnuhr un naomdags bi't Vespern Flesk up't Buottram (Butterbrot) *häbben.“*

„Is gutt“, sagg de Buer.

„Un dann häff ick so för Bruk, sunndags muorgens üm teihn Uhr, dann niehm ick min Rad un föhr wäg, kumm erst aobends wier, dat Veh mött Ji dann sölwst besuorgen.“

„Is gutt“, sagg dee Buer.

“Un dann, wenn Danz is in't Duorp oder in de Naohberschopp – ick danz för min Liäben gähn, un dann häff ick so för Bruk, dat ick dann annern Muorgens en paar Stünnkes naoluer (nachschlafe) *– et wät dann aobends wat lat.“*

„Is gutt“, sagg de Buer.

“Ja, dann wören wi jä enig.“

„Jau", sagg de Buer, „bloß eens: Ji spiellt doch Klaweer?"
"Wat? Icke? Klaweer?"
„Jä", sagg de Buer, „ick häff dat so för Bruk, aobends nao't lätten häör ick gähn Musik, un dann mott de Knecht Klaweer spiellen. Könn Ji dat nich? Döht mi leed, dann kann ick Ju nich bruken."

Dat Kleinste

Schulte Bistrups hadden junge Fiärken. Dütmaol was de Siägen en lück to graut woern, et wören nämlick diätteihn, un de aolle Mutt konn met'n besten Willen män för twiälf suorgen. Bistrups Moder meinde, wo twiälf satt wören, soll för dat diätteihnste auk no wull wat üöwer blieben; et könn ja üöwerall so'n lück naosugen.
„Paß up", sagg de Schulte, "dat Dink verkümp, et is doch män so minn."
Un so was't. De annern daihen et ratz (ganz) *trügg, un de aolle Mutt keek sick auk nich donao üm. Dat arme Dierken saog jäömerlick ut un satt halfverklamt* (halbverfroren) *in't Strauh.*
„Dann will ick för di suorgen", sagg Schulten-Moder, namm dat Fiärksken in de Schüött un gonk dermet nao Hus.
„Arme Dierken! Bis jä boll ratz verhüngert un verfruoren. Waocht, erst will ick di en lück warme Miälk giebben."
Se daih etwas heet Water dör de Kohmiälk un mok se auk en bittken söt met Sucker, denn dat is smackhaft un bekömmlick. Dann namm se dat Fiärksken tüsken de Knei, mok em dat Snütken laoß un praktizeerde de Miälk met'n Suckerliäppel (Zuckerlöffel) *harin.*
„Bruckst nich to quieken, kleine Äösken! Dat sall di gutt dohen. Kick, wat et all slück un slickert! So – nu will wi di en warm Liägerken

bereeden. Wat niehmt wi am besten?" „Niehmt doch de Weige, Frau!" sagg de Küeckenpüngel (Kleinmagd), *„do ligg't week un warm."*
„Biste wies, Däne (Mädchen)*! Na – ja –sließlick, waorüm auk nich? Dat arme Dierken sall't gutt häbben. Dann hahl de Weige äs von de Rumpelkammer. Waocht, dann könn wi auk faots de Miälkflask derto niehmen, wenn de Gummititt no so viell heel is. Dann feihlt dat Dierken nicks mähr, un et hät't biätter äs in'n Stall."*
Et duerde nich lange, do lagg dat Fiärksken ganz nüdlick in de Weige tieggen an'n Häd un grunzede von bar Behaglichkeit.
„Wi kriegt et graut, Frau", sagg de Küeckenpüngel, „Ji söllt seihen, dat giff en Staotsfiärken."
Naomdags quamm de aolle Bissels Möhn ut Lurum, de von Tied to Tiet bi de Buern rundgonk met iähren Kuorf un sick so allerlei bineenholl, aolt Tüg un en Stück Braut, Schreiben (Speckstückchen) *un en Klott Smaolt un wat der süß so affoll.*
„Gutten Dag in't Hus! Schulten-Moder, wu geiht't? Ick sin der lange nich mähr west, dütmol könn Ji mi wull wat rieklick bedenken. De Winter is auk no lange nich to Enne, ick dacht', et soll baoll Fröhjaohr waern, ja wuoll! Snüt (schnäutze) *di! De kaolle Wind fiest em dör't Tüg bes up de Butten* (Knochen). *Ha – hier an'n warmen Häd kann man't wull uthaollen."*
Se hadde iähren Kuorf henstellt un holl de knüöckrigen Hänn' üöwer't Füer, wildeß Schulten-Moder in'n Keller gonk un etwas bineensochde.
„Dank Ju auk viellmols! De leiwe Här sall't vergellen."
„Nicks to danken", sagg Schulten-Moder, „et is Ju gähn gunnt (gegönnt)*."*
„Dat weet ick, dat weet ick. Süh dor – no enmol wat Kleines?" De aolle Biättlerske smeet en Blick in de Weige. „Ja, up so'n Hus ligg

Guotts Siägen, Schulten-Moder! Kinners jo, wat ne nüdlicke Blage! So krieggel un so'ne gesunne Klöer un so'n hell Stimmken!" Se keek no'n lück genauer to. „Is siecker en Jüngesken? Oder is't en Wicht? Un wat dat kleine nette Dierken den Schulten ähnlick is! Gerade äs *wenn't em ut't Gesicht snietten wör! Besonners dat nüdlicke Snütken akraot äs de Schulte. Et mott doch en Jüngesken sien."*

„Marjoh, Bissels Möhne!" schreiede de Kückenpüngel un konn't vör Lachen binaoh nich harutkriegen. „Et is jä – et is jä – "

„Is't en Wicht?" sagg de Aollske, „dat döht em nich (das macht nichts). *Wichtig, well so nao den Vader slaget, de häff Glück up de Welt."*

„Et is jä en Fiärksken! Ha – ha – ha! "

„Wat is't? Dat is jä nich müglick.

„Ja", sagg Schulten-Moder so lück schaluh (verlegen), *„et was üöwerschiärig* (überzählig) *bi'n Tropp, un do häff ick't harutnummen, dat arme Dink was all ganz klamm von Köll."*

„Nu wull ick mi doch wull up't Muul slaohen", raip de Aollske. „So geiht't, wenn man aolt wät, dann laot't de Augen nao. Et is mi alltied so flimmerig vör't Gesicht. Na, niehmt et nich üwel, Schulten-Moder! Et was gutt meint, un üöwrigens dat Dierken is so nüdlick üm sin Snütken, do brukede sick de Schulte wiägen de Ähnlichkeit gar nicht o schiämen."

Eli Marcus

Plattdütschk

Un wenn se Alle lacht mi ut,
Ick bliew an't plattdütschk küren,
So däftig äss't män will herut,
Un laot mi gar nich stüren.

Wenn auk beröhmte Dichters singt
De allerschönsten Leeder,
Mi dücht, en plattdütschk Waort auk klingt –
Een Schiller iss nich Jieder.

Man häört jä gärn 'ne Nachtigall,
Män iss de nicht te stellen,
Dann lustert[12] *man met Freiden all,*
Wat Twogfinken[13] *vertällen.*

Well süht nich gärn 'ne Rause an,
Well mag kiene Tulpen seihen,
Män waorum sallt dao niäben dann
Nich Sunnenblomen bleihen?

Ick frei mi, datt ick plattdütschk kann

---

12 hört
13 Buchfinken

Lück[14] spriäcken un verstaohen,
Und well't nich mag, de laot füördann –
De laot to'm Kuckuck gaohen!

Westfaolen
(Strophen 1 und 2 von 5)

Ick weet een Land met dusendjäöhr'ge Eeeken,
De Twöge[15] süht man in de Wolken reeken,
Wao friee Männer froh ähr Land bebaut,
Un fruchtbar iss der Erde düstrer Schaut;
Wao gastfrie glemmt dat Füer up dem Herde,
Et iss Westfaolenland, dat Land der rauden Erde!

Ick weet en Land, wao alle Mann un Jieder
In Hiärt un Munde hät de schönsten Leeder,
Wao 'n Handschlag jüst so guet is äss en Eed,
un wao van Nück[16] un Falschheit man nix weet.
Dao kennt man auk kien Puchen un kien Praohlen:
Et iss dat Sassenland, dat schöne Land Westfaolen.

De guette Unnerhollung

Schmidt Keit un Küper Röwesand
De gongen eemaol üöwer Land,

---

14 etwas
15 Zweige
16 Hinterlist

Nao Telligt wullen Beide laupen,
Üm dao ´ne Siegge[17] *sick te kaupen.*

Äss se so quaimen vüör de Stadt,
Wao af no Handrup geiht de Patt,
Sagg Röwesand to Meester Keit:
„Kiek äs, wu schön de Roggen steiht!“

De Schmidt sagg nix un geiht vüördann,
De Küper trampelt niäbenan.
`Ne kuortte Piepe raukt se Beide
Un treckt un dampt, et wass´ne Freide.

Se trampelt wieder de Schassee[18]*,*
Kien Wäörtken häbbt mähr spruocken se;
Se gaoht un laupt, se laupt un gaoht,
Bes datt se boll vüör Telligt staoht.

Dao sagg de Schmidt to Röwesand –
He was lück langsam von Verstand,
Blaoss düör de Tiähne erst den Rauk:
„Dat sall wull sien, de Waiten auk!“

17 Ziege
18 Straße

Mienswiägen

Jansöhm was nu all bi de diärde Generation äs Öhm an de Müer up den Hoff bi Schulte Pagedoetel. He was steenaolt. He wuß sölws nich, of he hauge in de achtzig or niegenzig Jaohre tällte.
In de leste Tied fong Jansöhm an to krüekeln. Toerst gong he noch daobi herüm, män nu lag he all teihn Dage int Bedde in sien Stüöwken up de Hille (Zwischenboden über dem Stall). *Et konn sick so recht kinene üm den Aollen kümmern, se wassen an't Roggenschnieden. Dat giff Arbeit. Daorüm harr de Buer sick kuort reselvert* (entschlossen), *et Gik* (leichter zweirädiger Wagen) *anspannt un sick de Clemensschwester Hildegardis ut Mönster halt. De paßde em nu up un satt bi em ant Bedde. Still keek se düör dat Kammerfenster in den Paddisappelbaum, wao de Lüninge* (Spatzen) *ähr Speel in driewen.*
Jansöhm lag ganz stillkes dao. De brunen, schwieligen Hänne fingerten in ensweg üöwer dat Üöwerbedde. De Schwester foll em of un to den Puls un köhlde em met Water de drügen Lippen. Äss se em en Klücksken Miälke to drinken gaff, mook Jansöhm de Augen loß. De wassen ganß graut, man söll meinen, se keeken all in't Jensiets.
Schwester Hildegardis streek em de Küssens glatt un sag to em up ähre sachtsinnige Wiese up Platt, denn se was vom Lanne:
„Jä, Jansöhm, frei di män up de ewige Ruhe un Siäligkeit, nu sall't wull bolle üöwerstaohn sien!"
„Mienswiägen", sag de Kranke ganß sachte un afgerietten, „de Freide is nich so graut. Ick weet Bischeid. Hier unnen häb ick nicks nich hat äs Arbeid un Klowerie (Plackerei) *un daobi Stank füör Dank!"*
„So drafst du nich kürn, Jansöhm", sag de Süster, „dao buowen is dat heel anners in de ewige Ruhe!"

„Ne, ne, ick weet Bescheid. Hier unnen is de Öhm de Knecht von sienen äöllsten Broer un den siene Naokuomen un dao buowen giff et füör em auk kiene Ruhe. Dao hät et faots wier: Jansöhm böt et Sunnenfüer an, Jansöhm putz de Maone blank, schuw de Wolken, laot et riägnen, Jansöhm mak Wind, stick de Stärnkes an; ne, ne Süster, ick will gärne, dat se mi warm todeckt, mienswiägen geiht et faorts in de Ewigkeit, mienswiägen – faots, aower – de ewige Ruhe, de giff et nich füör´n Öhm an de Müer!"

Dat Kürn har den Kranken möde makt. Ne Wiele lagg he still. De Schwester foll em den Puls. De tuckte män so iäben. Dao sagg se: „So, Jansöhm, et is so wiet, et geiht in den Hiemmel!"

Dao foll Jansöhm de Hänne, keek in den Appelbaum, streckte de möden Glieder un sag noch eenmol wu en Hauch: "Mienswiägen ..."

De Tuorfbuer

En Tuorfbuer ut de Vienne föhrt met sienen Rinkselwagen (Leiterwagen) *vull Tüörfe düör de Straoten. He süht ut,* äs *wenn he nich bis drei tällen könn, aober he is so düördriewen äs en Dohrschriewer. Un jüst met Tällen kann he erst recht praot wärden – häört äs to.*

En Denstwicht röpt em an: „Bauer, was kostet der Torf?" „Hundert Stück fief guedde Gröschken. Schönen drügen Tuorf."

„Das ist aber teuer! Mehr wie sechs Silbergroschen legt die Madam nicht an."

„Dann will ick em daoto laoten; ick will so gärne wier ut de Stadt."

„Na dann zählen Sie mir mal schnell 100 Törfe in den Sack."

„Hiärtlick gärne Fraileinken. Een, twee, drei, veer, fief, sess – nu säggen Se äs, Frailein, wo sind Se denn hiär? Se küert so früemd."

„Ich bin aus dem Oldenburgischen, wohl fünfzehn Stunden von hier."
„Mien Alles, fifteihn? – sessteihn, siebenthein, achtteihn – un wu aolt sind Se denn all wull, Frailein?"
„Müssen Sie das unbedingt wissen? Ich bin schon bald 25 Jahre."
„Dat süht man ähr nich an – fifuntwintig, sessuntwintig, siebenuntwintig ..."
„Unser Madam sieht auch nicht viel älter aus und ist schon zweiundvierzig."
„Hoidat! tweeunvettig? ... Dreiunvettig, veerunfettig, fiefunvettig ... Un wu aolt is de Här?"
„Der Herr Kanzleirat is schon 60 Jahre."
„Wat en ollen Ströker (Streicher)*! Sesstig, eenunsesstig, tweeunsesstig, dreiunsesstig ... Häbt Se denn all Bikanntschaft, Fraileinken?"*
„Natürlich. Mein Alfred steht bei den Dreiundachtzigern."
„Nu süh äs an! Dreiunachzig, veerunachzig ..."
„Er dient schon elf Jahre – seit 95 ist er Soldat."
„Wat se säggt! ... fiefunniejentig, sessunniejentig, siebenunniejentig, achtunniejentig, nejenunniejentig, hundert.
- So Fraileinken – düsse beiden Tüörfe kriegt Se to. Soll ick nu de Tüörfe up en Balken driägen? Richtig intällt sind se; Se häbt et sölwst häört!"

Ottilie Baranowski

Dat Brett

Van use Baustiie is en Brett verswunnen,
dat gröttste,
dat jüst vör den Giewwel poß.
Wi häbt socht un socht,
män et nich wieerfunnen,
so dat sick Vader en nieet hüewweln[19] *moß.*
Verlieden Wiäk was ick up de Behörde.
Dao satt en Amtmann dao,
de har en Brett vör´n Kopp.
Mi feihlden erstan ratz de Wäörde;
män dann frogg ick em ganz riskop[20]*,*
of dao dat Brett vör sienen Kopp
vlicht dat wäör, wat wi jüst verluorn ...?
„Nee!", sägg de Mann,
„Dat kann nich sien!
Ick sin all met dat Brett gebuorn!"

Afgunst

Dat doch nicheen sick freien kann,
ohne en annern weh to doen
of Afgunst gar to wecken.

19 hobeln
20 frech

Frei ick mi üöwer di
of du di üöwer mi,
of frei wi beide us an us,
is wisse well in't Hus,
de meckert un de use Freid' nich päß.
He schimpet, dat he bäß[21]*. –*
Wu schade drüm.
Ick wäör et jeden günnt[22]*,*
dat auk an anner Lüde Freide
he sick sünnt.

Dag för Dag

Dat häs di dacht,
dat de Dage länger wärd!
Summer was.
Un Hiärfst.
Un Winter.
Dat Fröhjaohr kümp drachternao.
Män länger wärd de Dage nich.
Dag för Dag
wäd de Dag
küörter för di.

---

21 platzt
22 gegönnt

Hieggenraisken

Giennen[23] *up de gröne Heid*
rausenraut en Raisken blaiht.
Söten Rüek streit't in de Runn.
Wiärmt sick in de Summersunn.
Steiht un dreiht sick vull int Lecht.
Strick de Sammetblader[24] *trecht.*
Danzet met 'n Summerwind.
Wenkt van wieden:
„Kumm, mien Kind!
Frei di an mi!
Danz met mi!
Kümps to naige,
stiäck ick di.

Rillenglaser of Fraulü-Logik

Se steiht an'n Pott un pröwt de Supp. „Jungedi", sägg se, „dat giff en Süppken! Dao hät Gustav Spaß an, wenn he de achter de Kusen liepelt. Mmmmm! En Rüek is dat aower auk! Frisk Rindfleesk van de hauge Rippe, giällen Burrei (gelber Porree) *un Petersilgenwuordel – alls ut usen Gaoren.*
Jaunee, alls wat recht is, den Gaoren hät Gustav up Schick ..."
Se hält 'ne witte Diekk ut't Schapp un leggt se up'n Disk. „De Rulladen mössen wull gar sien intüsken, dücht mi ..."

23 hinten
24 Samtblätter

Rulladen mag he am leiwsten van alls. Giälle Slaotbaihnkes häört daoto, lecker met´n Siepelken (Zwiebelchen) *dran un ´n lück Piäpper un Saolt un Smand. Söten Smand mott dran. So mag Gustav dat. – Jä nu, laot em. He sall weinigstens miärken, dat ick mi freit häw üöwer den blauen Pullover. – Brengt mi eenfack en niien Pullover met. Bloß so för paßlatant, sägg he. Mott em wull guet gefallen häbben, un et is jä auk würklick en schön Pullöverken, daovan af ...“*

Upmaol wäd se wehrig (unruhig) *un stüört´t an dat Fenster, slött de Glaser to, dat et män so rappelt un schimpt: „Häör sick een Mensk den Krakeil an! Is jä nicht to begriepen sowat. Kanns doch nich an de Aohren häbben, de aolle Bliekkerie (*Bellerei). *Aower nee, Madam moß en Rüen häbben! Wenn´t no en richtigen Rüen was; süht ut äs de Aollske auk. – En Wunner is´ jä nich - - phhh – Frönd van Paula! Äs wenn mienen Gustav de wull hierodt här. Giff´t jä gar nich! Jau, naolaupen is se em genog, daovon af. Nee, nee, so´n Slöer van Framensk un mienen Gustav! O Här use Hus, wat dat wull giebben här. Un dat bi mienen pingeligen Gustav ...”*

Metdewiel hät se den Disk decket, de Äerappel (Kartoffeln) *upsett´t, en Siepelken schällt, Solt un Piäpper un Smand trechtesett´t; dao geiht se in de Vörraotskammer. En blitzblank rund Inmarkglass halt se van dat Regal, dreiht et rund in de Hand un kick van alle Sieten, of´t auk no guet is. Jau, de Diekel sitt so fast äs derto. „En Beld van Schönheit“ sägg se, „so´n Glass met giällige Bauhnen. Sitt´t aower auk so propper un frisk rundüm in dat Glass! Kanns richtig Spaß an häbben. Jaaaa – Baihnkes – ut´t Glass, dat kann apatt (aber) auk gefäöhrlick sien, wenn man nich vörsichtig uppäß ...“*

Se hät dat Glass up´n Schaut nuohmen un treckt sachte an dat Strüppken. „Mott wull en üöwerjäöhrig Glass sien; de Gummiring is jä müör (mürbe) äs derto ... Dä! ... Afrietten!“

Se springt up. „Dat hät mi jüst no feihlt!“ Dao krigg se auk all dat Schrappmeßken ut de Trecke un pruokelt met de Spitz van dat Meß tüsken Glass un Diekkel. Een Stücksken nao't annere springt af. Et süht ut, äs wann 'ne smächterige Mus rundümto dat Rändken van'n Pannkoken affriätten hät. „Verflixt nomaol aower auk!“

Zack! De Spitz van dat Schällmeßken flügg düör de Küek. Se versöch et met de Fingerniägel. De Gummiring lött sick nich packen. Mähr äs lütke Krümelkes krigg se dr nich af, un wüterig äs 'n Hiämelken (Hermelin) *sett't se dat Glass up de Anrichte, wisket sick de Hänne an't Vördok af, strick sick Sweet un en Haorstrang ut't Gesicht un löpp in'n Draw in't Schöppken. Dao ligg dat Wiärktüg up de Hüewelbank. Se kick un kick. In de Wiärktügkiste, in'n Niägelkässken – nicks.*

„Häste Wäörde? Nicks. – Düt Slöer van Mannsmensk! Söchs un söchs di daut un finns nicks. Nich äs en Schruwentrecker (Schraubenzieher) *findt man in düt Hus! Sowat aower auk! Neeneenee, wat en Klüngelkopp van Kerl! En richtigen Klüngelkopp, düssen Mann. Hät doch nicks in'n Kopp in äs Fissematenten. Vertwieweln* (Verzweifeln) *söll man bi so'nen Kärl van Mann! – Wu krieg ick dann nu dat blödsinnige Glass met de verdammten giällen Bauhnen loss? Dat is jä nicht o begriepen! Nich äs 'n Schruwentrecker in Huse ...“*

Se söch un söch un wöhlt herüm. Van lutter Iwer (Eifer) *süht se gar nich, dat de Schruwentrecker vör iähr ligg. „Wenn dao nu weinigstens 'ne Knieptange to finnen was! Nicks äs Klüngelkraom. Meinee, dat ick mi aower auk met so'n Mannsmensk herümslaon mott! De Kärl här doch viell biätter bi dat Slöer van Paula paßt; de beiden sind een Pott Natt, beide egaol slörig un klüngelig ... Kinen Schruwentrecker, kine Knieptange, kinen Beitel, nicks kanns finnen in düssen Bau: Nicks nich:*

Ppp – Pullöverken! Wat sall ick met'n hellblau Pullöverken, wenn ick nich äs 'ne Knieptange finnen kann! Laot he sick doch den dämligen Pullover an'n Hot stiäcken – van mi ut ..., laot he doch seihn, dat he ferrig wäd, de slörige Kärl...!" De Träönen staoht iähr in de Augen van lutter Vernien (Wut). *Se wöhlt in de Treck van de aolle Kommode harüm, smitt Niägel un Schruwen un Blicklappen üöwerkopps, dat et män so rappelt, un se schennt in eene Tour wieder: „Kinen Schruwentrecker, kinen Beitel, kine Knieptange – nicks, nicks, nicks! Nicks äs Niägel un Schruwen un Draoht! Man söll em dat Kraom üm de Aohren timmern! Un de giällen Bauhnen daobi. Laot he doch seihn, dat he sienen Bauhnenslaot ferrig krigg! Is mi doch eenddoen ... So'n Kärl is't jä gar nich wärt, dat man Bauhnenslaot för em mäck ..."*

Se hät de Schöttkesdüör all in de Hand. Dao süht se en Hammer liggen. „Den Hammer! Hierhen dermet! In Grusementen slao ick dat verflökte Bauhnenglas! In Grusementen, sägg ick di!" Se gripp den Hammer äs en Hawk (Habicht), *de sick up'n Trießhöhnken (*Rebhuhn) *stüört't. Rumms! De Stiell is look. De Hammer flügg in'n Hook. Den Stiell smitt se drachterhiär. „Fleit't ju doch alle wat ut! Nicks mähr do ick. Gar nicks. Erst recht nich för de Mannslüde. Ick sin doch nich unwies, sin ick nich, dat ick mi för so'n Mannsmensk no en Been utriet. Nee, icke nich. Ick nich."*

Se staffket döer den Gaorenpadt up't Hus to. Se süht nich rechts of links un schafuttkert (schimpft) *üm sick to: „Mannslü ... Fissematenten maken, dat küennt se! Nao de Maone fleigen, dat küennt se. Düsenjägers bauen un Raketen susen laoten, dat küennt se. Smaiken un Beersupen küennt se. Aower en anständig Inmaksglass maken, dat de Diekkel dr auk wier van afgeiht, dat küennt se nich, de Mannslü ...!" Se snüff van Vernien* (Wut) *un stüff äs en Unnewiär de Küekendüör harin. Nicks mi-*

ärkt se van den leckern Rüek van Supp un Rulladen. Se pusaunt luthals in iähr Taskendook un hät 'n rauden Kopp äs so'n Schruthahn. Man könn an haugen Blotdruck denken, an en Hiärtslagg gar.
„Pfüüüüüü... ", sägg et dao sachte. Un harrer (schneller) *geiht et un schrill: „Pfiiiii..."Nee, dat döt se nich. Dat döt de Fleitkieddel, de dao guottsjäömerlick quiekt. Se stüört't drup to, ritt em de Fleitpiep van de Snut – un süh! De Druck lött nao. Bi em un auk bi iähr. – „Water! Heetkuokend Water!" Se aomt erlöst up, gripp sick en Stiellpott van de Wand, gütt en lück Water drin, sett't dat Rillenglas up'n Kopp harin, un dann nicks äs up't Füer daomet.*
Se gnöchelt (schmunzelt) vör sick hen: "Jaaa, wir werden ihm schon kriegen... Wochte män, du Aos, ick sall di wull den Diekkel afrieten, dat sägg ick di! Kuok du män erst, dann krieg ick di... Jauwull, sühste, de Blaiskes stiegt all hauch. Dann kann't nich lange mähr duern. Wäd auk höchste Tiet, anners hät Gustav glieks dat Iätten nich mündkesmaote up'n Disk staohn. Wat he wull för Augen mäck, wenn he mi in den niien blauen Pullover süht. Hellblau. Päß guet bi giälle Baihnkes..."
Dat Water in den Stiellpott wüppket un hüppket äs dull, un in dat Glass met de schönen giällen Baihnkes perlt lütke runne Blaiskes up. Ümmer mähr, ümmer mähr... Reselveert (Resolut) *snappt se dao dat Drügedook van'n Haken, päck dat Glass bi't Achterveedel un sett't et up dat natte Schüeddeldook. – „Wenn'ck nu män bloß de Schere finnen könn... ligg alltiets hier in de Trecke. Häw ick doch jüst no in de Hand hatt'... Awatt!! Schrappmeßken döt et auk..." Un se päck met dat halwkapotte Schrappmeßken unner'n Diekkel. Ganz vörsichtig, anners breck dat leste End van't Meß auk no af..., un warraftig! „Pffff..." sägg et ganz sachte; eenfack „Pffff..." Dat Glass is loss.*

Se lacht üöwer't ganze Gesicht. „Sühste wull, Gustav! Alls met de Ruhe, sägg ick. Ja Junge, de Mannslüe, de willt alls met Gewaolt maken. Üöwer jeden kleinen Schiett regt se sick up. Apatt so geiht dat nich, Gustav... Köppken häört derto, Gustav, Köppken...“

Josef Bergenthal

Öhm Fennand un sin Testament

Wat was dat faken en Glück, dat Öhm (unverheirateter Onkel auf einem Bauernhof) *Fennand in'n Huse was! He päss alltied upt Hus up, he verwahrt de Blagen, he brengt in'n Summer den Kaffee int Feld, un ümmer hät he för de Kinner en Suckerklümken in de Task. Eegentlick is he sölws jä en lück to kuort kuemmen int Liäben. He is en Eenspänner* (Junggeselle) *un üöwerbliewen. Ower mannigen Öhm hät allerhand in'n Strump upspart. Öhm Fennand harr dat nich. Kniepig was he nich west, dat nich. Tot Geldutgiewen harr he auk kine Geliägenheit. Denn he harrt faken nich so viel in'n Bühl, dat he sick en Päcksken Tabak kaupen konn. Ower he wuß, dat en gued Testament en deipen Indruck up de gansse Verwandtschopp mäk.*

Äs't nu ant Stiärwen gong, dao moß de Notar kuemmen un dat Testament upsetten. Un Öhm Fennand sagg: " Herr Notar, schriewt alls up: Wilm sall dusend Dahler häbben, Thresken twee dusend Daler, Teddo auk dusend Daler, mine Schwäögerin Fine dreidusend Daler ..." Dao keek de Afkaot met graute Augen up un fraog: Meinee, Öhm Fennand, häbbt Se denn so viell terüggliägen konnt?"

„Nä, nä", sagg de Öhm, „dat nich. Ick häw nicks, ower ick dacht, de Lüe sollt doch alle in min Testament minen gueden Willen seihn."

Wat sollt de Blagen wären?

Schulte Schastrup harr en ganß Tröppken Blagen. Fief Stück, eent feihlt ant halwe Dutzend. Un luter Jungen. Dao fraog em eenes Dages de Amtmann: „Häbt se sick all Gedanken drüöwer maket, Herr Schulte, wat de Jungen wären sollt?"

„Wisse dat, Härr Amtmann. Dat draff man nich up de lange Bank schuwen. Et is alls klaor. Ick häw mi den Kopp nich lange drüöwer terbruoken. Wenn man de Düegde (Tugend) *un de Undüegde niepen* (genau) *bekiekt, dann lött sick ut alles wat maken."*

„So, se makt mi niesgierig", sagg de Amtmann.

„Paßt up, Herr Amtmann", sagg Schulte Schastrup. „Dat will ick ju hennig (schnell) *vertellen. Wilm, wat de Ölleste is, de krieg den Hoff. Dat versteiht sick van sölwst. Henrich, de twedde, hät ümmer so viell Freide an de Ferien. Dao häw ick mi säggt: De Junge mott Lährer wären. Dann hät de doch so aff un to ne besonnere Freide in sin Liäben. Dann kümp Franß. De Junge kann laigen, dat ick iärst glöww, et wäör der nicks Rächtes met antofangen. Ower dann häw ick mi utdacht: Alls an de rechte Stie! Un wat meint Se, wat de Lüegenbüel wärd? Affkaote sall he wären! Se söllt seihn: de mäk sin Word un stellt sinen Mann."*

„Dunnerschlag, Härr Schulte, Se häbbt et üöwer gued vör", lachede de Amtmann.

„Jaa", sagg Schulte Schastrup, „dat kann man wull säggen. Man mott de Sake bloß richtig anpacken. Dann is dao noch usse Johänneken. Jä, wu sall ick ju dat verkläören? He is nich de stärkste un gesündeste, ower süß is he en ganß gueden Jungen. Dao häw'k mi dacht: Johänneken sall up geistlick studeeren."

„Nu süh maol an! Auk en geistlicken Härrn in der Familie. Ich muß sagen, Sie bringen alle gut unter. Dann haben Sie nur noch den kleinen Bernhard."

„Bennätzken:" Schulte Schastrup krassede sick achter de Ohren. „Wenn ick et ährlich säggen soll, Bennatz hät mi wull en lück Suorge

makt. Von den Gaben des Heiligen Geistes hät he nich viell metkriegen. Ick häff mi dat üöwerleggt hen un här: Wat mak ick met Bennatz? Se drüefft der nich van küren, Härr Amtmann, dann sägg ick't Ju: Met ussen Bennatz will'k den Staat ansmiären, he sall Biamte wären."

De Rüe an de Müer

In Rom an'n Vatikan is maol en grauten Gelehrten west. De konn alle Spraoken up de Welt, so säggen de Lüde. Eenesdages harr he haort, dao wüör en Künstler ut Westfalen ankuemmen, de küerde ne ganß eegene Spraoke.

Dao was de Kardinal nich mähr to hollen. Faorts den naichsten Dag was he bi den Beldhauer. „Ich habe gehört", sagg he, „daß Sie eine ganz originelle Sprache haben. Sprechen Sie mir doch mal einen ganzen schönen Satz Ihrer Muttersprache vor."

Bernhard keek sick den haugen Härrn an, üöwerlagg en Augenschlag un sagg: „De Rüer steiht an de Müer un büört (hebt) *een Been in de Höchte."*

De Kardinal lusterde (hörte zu) *un kürde dann met Bedachtsamkeit nao: De Rüer steiht an de Müer un büört een Been in de Höchte. „Ein schöner Klang und ein erstaunlicher Vokalreichtum! Und was bedeutet dieser Satz?"*

Un dao sagg de Fillu van'n Künstler: „Die Abendsonne grüßt die durstende Erde mit einem letzten Strahl."

Hannes Demming

De Diagnose

DE DOKTORS HIER in't Mönsterland
beliäwt so mangs doch allerhand.
Dao kümp to Doktor Pöttker maol
en Frammensk, dat sitt vull van Quaol,
äs't schinnt. Se stüehnt un ankt[25] *äs dull*
den Doktor siene Aohren vull.
„Här Doktor, ick haoll't nich mähr uut:
Wann ick wat iätt', briännt mi de Snuut'.
Migräne häwwick Dagg för Dagg.
Ewännig suust de Aohrn mi, ach,
un auk de Struotte[26] dööt mi weh.
Ick häff't versocht met heten Tee.
Et hät nix holpen, Doctor, un
ick ligge 's nachens mährst 'ne Stunn'
un länger wacker[27]*, vull van Pien.*
Wat magg met mienen Buuk wull sien?
Mien Rüggenstrank is krumm un stief,
un miene Hänne küennt en Knief[28]
män knapp no haoll'n; so riëddert[29] *se.*
De Nüren doot mi auk so weh,

25 klagt
26 Kehle
27 wach
28 Messer
29 zittert

un miene Liäwer iärst! En Gruus!
Ick glaif, ick mott in't Krankenhuus.
Ick krieg kien' Lucht; mien Aohm geiht swaor.
Mien Hiärt, dat stuottert. Nä, 't is waohr:
Up't Hüüsken kann ick auk nich gaohn:
De Augen bliewt vüör'n Kopp mi staohn.
Un ümmerto sin swiëmlig ick.
De Föte sind unüesel dick.
De Siäl' hoost' ick mi uu de Buorst.
Un daoto pisackt mi de Duorst.
Hier in den Nacken häff'k en Swiär (Geschwür).
De Tunge föhlt sick an äs Liär (Leder).
Säggt mi doch, wat dat sieën kann.
Härr Doktor, säggt, wat feihlt mi dann?"
De Doktor kick iähr an un swigg.
Nä, düsse Quissel magg he nich.
He schüllkoppt, simmeneert [30]en lück,
de Hand an't Kinn, un grämstert[31] sick
un sägg: "Ju feihlt nixnich, nä ... jau ...,
Ji häbt all alles, leiwe Frau."

Hauge un höggere Mathematik

DE JUFFER häöllt 'ne Riäkenstunn'
met Subtraktion, Adderen un
natürlick schriftlick un in'n Kopp.

30 denkt nach
31 räuspert

Jüst an de Rieg´ is Mäxken Hopp.
„Wann 'k di nu drei Karnickels doo
un du kriggs muorn no fief drto,
denk nao un sägg mi, junge Mann:
Wuviël Karnickels häs du dann?"
„Dann häff ick niëgen", sägg Max fix.
De Juffer schüllkoppt[32]*: „Dat was nix.*
Nu üöwerlegg di dat nomaol!"
Män use Mäxken häöllt stur Paohl.
„Max, niëhm de Fingers! Drei plus fief?!"
Doch Max bliff obsternäötsk[33] *un stief:*
„De Sake, Frailein, de is klaor:
Ick häff dann niëgen. Waohr bliff waohr."
„Och Max, nu sägg doch sowat nich!
Denk nomaol nao!" Up eenmaol krigg
de minne Max de graute Wuut,
en rauden Kopp un sägg recht luut:
„´t sind niëgen, Frailein, wissewull!"
Un he wärd duller noch äs dull.
Sien helle Stemmken häört m´ hall[34]*:*
„Ick häff doch söws no een in´n Stall."

32 Schüttelt den Kopf
33 bockig
34 laut

Non scholae, sed vitae

(Nich för de School, män för't Liäben)

FAMILGE MUUS in't Muselock,
de is in graute Naut:
nixnich to gnagen, bieten mähr,
nich äs en Krüemel Braud ...
Un Vader Muus, de üöwerlegg:
„Wu krieg 'k de Kinner satt?
Nümms[35] kann harin, nümms kann haruut.
Vüör't Lock, dao sitt de Katt'.
Bi de is een Aug' alltied loss.
Se weggt sick nich, se luert[36].
Se waochtet, sitt, päss up un ... luert.
Wu lange dat no duert?"
De Blagen grient[37] vüör lutter Smacht.
Män lierig is dat Schapp.
Un to den Smacht kümp nu de Duorst:
Nix mähr in'n Waternapp!
Män Moder Muus, de sägg meteens:
„Ick glaif, so geiht't. Ick häff't."
Se sett sick unner't Lock un bliëkt
„Wauwau!" un knurrt un käfft.
Up eenmaol suust de Katte af.
Dat Muselock is frie.

---

35 niemand
36 lauert
37 weinen

Se häbt et raakt[38]. *Se küennt haruut.*
Guod Luof un Dank! „Kiek süh“,
sägg Moder Muus to't Blagenvolk
un auk to iähren Mann,
„'t is doch in't Liäben ümmer gued,
wann m' früemde Spraoken kann.“

38 geschafft

Gedichte und Geschichten zu Weihnachten

Moritat van den Stutenkärl

ET WAS DR ÄS en Stutenkärl,
har Augen, swatt, uut K'rinthen;
bruun was sien' Klöör, sien Piepken witt;
he keek en biëttken lünten[39]*.*

Dao kamm de hill'ge Sünte Klaos,
saohg em bi'n Bäcker liggen
un stoppde em gau in den Sack,
den draug he up den Rüggen.

De Stutenkärl 'patt freide sick,
dat et nu gong up Reisen.
Gemöötlick was et in den Sack.
He moss auk gar nich freisen.

Up Sünteklaosdagg funn he sick
Bi Ännken up den Teller.
Dat har Plasseer un lachede
un juchede heel heller [40]*.*

De Stutenkärl verleiwde sick
glieks in dat lüttke Wichtken

39 verlegen
40 ganz laut

met siene swatten, langen Haor´
un met sien sööt Gesichtken.

Us´ Änneken keek leiw em an
van unnen bes nao buoben
un ... beet em af den Stutenkopp.
Dao is he siälig stuorben.

Hannes Demming

An dat Christkind

DU LEIWE Christ,
dao liggs du in de Foerkist´.
Ick mak för di
mien Bedde frie.

Du söte Kind,
wu kaolt doch diene Händkes sind!
Ick mak di warm
up mienen Arm.

Du lüttke Schatt
häs wiss´ no nix te drinken hat.
Ick haal di wat
un maak di satt.

Du Brö´erken, sacht
sing ick en Leed di för de Nacht

un drücke di
heel fast an mi.

Du leiwe Christ,
bliffs nich dao in de Foerkist'.
Ick maak för di
mien Hiärte frie.

Hannes Demming

De Scheipers

Wat tüht do dör de late[41] *Nacht*
Un spiellt den Dudelsack so sacht,
So sacht un söt un liese?
Et is so still, so kiärkenstill,
Mi dücht, dat alles lustern[42] *will*
Up de verluorne Wiese.

Dat sind de frommen Schaipers all,
De kummt nu trügg von Bethlems Stall,
En Wunner is gescheihen.
Wu kann en Hiätt so siällig sien?
In iähre Augen ligg en Schien:
Se häfft dat Christkind seihen.

Se gaohet still un seggt kin Waort,

41 späte
42 zuhören

De Aollen striekt den griesen Baort
Un sliekt up weeke Suollen.
De Jünkste spiellt den Dudelsack,
Äs drieff he hilligen Schawernack,
De Augen briännt äs Kuollen.

Nu geiht de lange Nacht to Enn´.
Se haollt dat Glück in faste Hänn´
Un könnt et nich begriepen.
So graut is iähre Siälligkeit.
In´n Außen[43] fähn an´n Himmel steiht
En smallen bleeken Striepen.

Augustin Wibbelt

Wiehnachtsfabel

De Diers wörn äs maol an´t disputeern üöwer Wiehnachten. Se kreegen sick an de Köppe, wat wull de Hauptsak wör an Wiehnachten.

„Na klaor, Gausebraoden," sagg de Voss, „wat wör wull Wiehnachten, wenn´t kienen Gausebraoden gäff?"

„Snai", sagg de Isbäer, „en richtigen Haupen Snai. Dat is´t doch: witte Wiehnachten."

Dat Raih sagg: „Ick bruk aower en Dannenbaum, süss kann ick nich Wiehnachten fieern."

---

43 Osten

„Aower nich so viele Kärßen," hülde de Ule, „datt mott schön schummerig un gemötlick sien, dat is de Hauptsak."

„Ick mott en nieg Kleed häbben," sagg de Pogelhahn (Pfau), *„wann ick kien nieg Kleed krieg, is dat för mi kien Wiehnachten."*

„Un wat to't Fienmaken," schräpede de Iägster (Elster), *„dat mott daobi sien: en Ringsken, ne schöne Kiedde för'n Hals, wat to't Anstiäcken, dat is för mi dat Allerschönste an Wiehnachten."*

„Na, aower blaus nich den Stollen un den Hannig vergiätten," brummede de Bäer, "dat is doch de Hauptsak. Wenn't de nich giff, dann bruk ick kien Wiehnachten."

„Mak dat doch so äs ick," sagg de Griewel, de Dachs, „schlaopen, schlaopen, bes ick weet nich wu."

„Nee, supen, " meinde de Osse, „äs richtig eenen supen – un dann schlaopen."

Aower dao bölkede he met eenmaol luthals: „Auaa!" – De Iesel har em en gewölligen Tratt in den Ächtsten gieben. „Du aollen Ossen, denks du dann nich an dat Kind?"

Dao lait de Osse schiämig den Kopp hangen un sagg: " Jau, dat Kind, dat is doch de Hauptsak."

Dann fraog he den Iesel: „Wiet't dat auk wull de Menschken?"

Heinz Lenkenhoff

Döhnkes

Vehhändler Anton un de Pastor

Anton was Vehhändler. He was ´n gueten Kaupmann un har met sienen Hannel viel Geld verdennt. Aower manks har he de Lüe auk wull üöwer´*t Aohr hauen.*
*Nu was he aolt un krank un mook sick Suorgen üm sien Siälenheil. He gong nao´*n *Pastor un sagg: „Ick sin leste Wiärk bi´n Dokter west un de hätt mi säggt, dat ick schwaor krank wöer un wull nich mähr so ganz lang te liäben här. Et söll wull boll so wiet sien, dat mi dat Heck vör´t Gatt schl*ött *– dat ick ut de Tiet gaoh. Ji wiett´t* jä*, dat mienen Liäbenswannel nich ümmer ganz so was äs´t sien sall. Wann ick nu äs 10.000 Mark an de Kiärk gieww, of ick dann wull in den Hiemmel kuemm?"*
De Pastor keek em bedächtig an un sagg schließlick: „Garanteern kann ick et nich, aower probeern daih ick et."

De Dame up´n Markt

In Mönster up´n Markt stonn ´ne Appeltiewe (Marktfrau) *un bott iähr Obst an. Dao gong so´*n fien *städtschket Dämken met ´ne raude Schnut, hauge Pömps un ´nen grauten Hoot up de Marktfrau to un fraogg met ´n spitzk Müülken: „Sind das deutsche oder ausländische Äpfel?" Dao sagg de Appeltiewe: „Wuso willt se dat wietten, willt Se met de Appeln* küern?"

Dat Etikett

Nao den Vehmarkt sit't en paar Händlers tosammen un willt en Glas Wien drinken. Dao legg de Wärt en Päcksken Etiketten up'n Disk un sägg: "Sökt ju män ut, wat för ne Sort ji drinken willt; ick hal in de Tiet de Pull ut'n Keller."

Use Spraok

Gott-Vader un Petrus gaoht spazeeren dör't schöne Mönsterland. Up maol sägg Petrus to Gott-Vader: „Wees swat, we häbbt vergiätten, düsse düftigen Lüe 'ne Spraok to giebben, un alle Spraoken sind all verdeelt."

„Jä", sägg Gott-Vader nao son Tietken, „ick häff naodacht, dann gifft wi iähr use Spraok ut'n Hiemmel." Un so is't kuemmen.

De nieen Hörapparate

„Sägg äs, Opa, kümms du dann met diene nieen Hörapparate guet torecht?"

„Jau, best guet. Ick häff all drei maol mien Testament ännert."

Striet unner Naobers

Jans un Wilm wassen Naobers. Wiägen 'ne Eke, de up de Grens tüschken iähre *beiden Hüöwe stonn, härn sick beide in de Haor krieggen un wassen al Jaore lang an't Prozessen. De Een küerde met den Annern kien Waort mähr. Nu wuor Jans dautkrank un de Pastor wuor roopen.*

De Pastor haar von den Striet tüschken Jans un Wilm haort. He kamm up´n Hoff un satt sick an Jans sien Bärre. „Jans“, sagg he „vördem dat ick di de Bichte afniemmen un de leste Ölung (Krankensalbung) *giebben kann, moss du di wier met dienen Naober Wilm verdiägen. Süss kanns du nich rühig in de Ewigkeit gaohn.“ Jans lait sick schließlick beküern un Naober Wilm wuor haalt. Jans gaff em de Hand un sagg: „Wilm, nu, wao ick wull boll van düsse Wiält aftrecken mott, will ick Friär met di maken.“ Se gaffen sick de Hand un et wuor en lück* üöwer düt un dat küert. *Äs Wilm nu wier harut gong un de Döerklink all in de Hand har, raip Jans em nao: „Wilm, dat will ick di aower säggen, wenn ick düt maol no döer kuemm, dann bliff´t aower bi dat Aolle.“*

Schnaps un Wüörm

*Et was an den lästen Schooldagg van de grauten Jungens, de nu in´t Liäben entlaoten wuorn. De Lährer wull iähr no eenmaol wiesen, dat se sick vör den Alkohol helsk (*höllisch) *in acht niehmen* mössen. *"Jungens“, sagg he, „der Alkohol ist eine Sucht. Was er anrichten kann, will ich euch einmal deutlich vor Augen führen.“*
He settde twee Glase up sien Katheder. In dat eene Glas was blank Water un in dat annere Schnaps. Nu trock he ut ne Büss twee quicklebennige Pielewüörm *un daih in jede Glas eenen Wuorm. De Wuorm in dat Waterglas spuodelde vergnögt in dat klaore Water herüm. De Wuorm in dat Schnapsglas zuckede en paar Maol un was musedaut.*
De Lährer holl nu de beiden Glase in de Lucht (Licht) *un sagg to de Jungens: „Was könnt ihr daraus lernen?*
Uut de leste Rieg melde sick Jans un sagg. „Herr Lährer, well genog Schnaps drinkt, bruk kiene Angst häbben, dat he äs maol Wüörm krigg.“

Dat äölste Buerngeschlecht

Sunndagmuorns no de Homis sätten drei Buern bineen un kammen so drup te küern, well dat äölste Buerngeschlecht wör.
Schult Ossenbrink raip faorts: „Dat sin wi jä wull, wi sind baoll 500 Jaohr aolt, wi häbt all de Buernkriege in't 16. Jaohrhunnert metmakt."
Sien Naober drup: „Miene Vöröllern sind sind all met de Germanen tieggen Karl den Grauten in'n Krieg trocken. Dat was för mähr äs 1000 Jaohr."
„Jä", sagg Jans Kleikamps, „dann kuemt ji met us aower no nich met. Ji kennt doch de Geschicht van Adam un Eva. Jä kick, un Eva, dat was ne gebuorne Kleikamps!"

Lebensweisheiten – eine kleine Sammlung

Ihre Lebenserfahrungen haben die Menschen schon immer kurz und knapp in Sprichwörtern zum Ausdruck gebracht. Solche Sprichwörter sind sozusagen komprimierte Lebensweisheiten, die von einer Generation an die andere weitergegeben wurden. So geschah das auch im Münsterland – und dort natürlich meistens auf Plattdeutsch.

Ährlick wäg un anners nicks.
Dat Glück ligg up´n halben Wegg tüschken te viell un te wennig
Henstüörten is kinne Schanne, aower liggenblieben.
An Gotts Siängen is alls geliägen.
Jede Hüüsken hätt sien Krüüsken.
Et sall sick alls wull riegen.
Gaoh liek uut.
Niemm di Tiet.
Well ümmer Tiet genog hätt, kümp siliäwe nich te laat.
Kümp Tiet, kümp Raot.
Et kümp äs et kümp.
Et löpp nich alls liek uut.
Wat mott, dat mott.
Well nicks för annern döht, de döht auk nicks för sick sölwst.
Well sick sölws nicks günnt, de günnt auk den Annern nicks.
Eenmaol lachen is biätter äs siebben maol Medizin.
Aolle Baim sall man nich verpuotten.
Nich jedereen, de küert, sägg auk wat.
En aollen Lüning fäng man nich met Kaff.
Well ´nen Rüen schmieten will, de find´t auk ´nen Steen.

Wat den eenen sien Uhl, is den annern sien Nachtigall.

Man mott de Lüe niemmen, äs se sind.

Bliew, wat du büs, und doo, wat du kanns.

Well döht, wat he kann, is wärt, dat he liärft.

Van nicks kümp nicks.

Wao alle gaoht, wäss kien Gräss.

Kieneen kann wat metniemmen – up Ärden is alls bloß lennt.

De Müell geiht nich met den Wind van gistern.

Well met´n Kopp dör de Wand will, mot sick üöwer ´n Düls nich wünnern.

All te klook is nich viell biätter äs unwies.

Wenn de Buer üm ne Koh prozesst, dann melkt se de Afkaot.

De Daore dööt, wat he nich laoten kann; de Wiese lött, wat he nich doon kann.

En klook Hohn legg auk äs en Ei in de Nietteln.

Et flügg kien Vuegel so haug, he kümp wier an´n Grund.

Well klook is, de kann sick licht dumm anstellen, annersherüm geiht dat schwaorer.

Biätter en gueten Naober äs ´n Frönd wietaf.

Humor is dat Saolt in´t Liäben; un wat guet düörsaolten is, bliff lange frischk.

Redensarten und Sprüche

Allgemeine Redensarten

Wi willt et in de Tiet setten.
Dat här no laiger kuemmen konnt.
Dat is een Doon.
Dat schriew män in´n Schuottsteen.
Dat is mähr äs in´t Näppken geiht.
Geburtsdagg hätt jedet Kalf; Namensdagg aower bloß de Menschk.
De Driesden häört de Wiält.
Dat Gekühr van de Lüe höllt mannigeen up den rechten Patt.
Do, wat du wuss, de Lüe küert doch.
Wahr di vörn Blitz.
Blaos mi doch in´ne Taschk.
Kuemmt en lück naiger, sagg de Voss to de Aanten; ick häör ju so gän singen.
He hät nicks in de Mauen.
Ne niee Büks moss di met de aolle verdeinen.
He smitt met ne Metwuorst no ne Siete Speck.
Krakende Wagens laupt lange.
Dao is´t Inbööten dürer äs´t Backen.
Lürige Pötte rappelt am märsten.
Kuemm harin un küer di ut, gaihs harut, dann holl de Schnut.
Biätter en kleinen Ümweg, äs liekut in de Driet.
Man kann de Koh dat Bölken nich verbeiden.
We glöff sick nümmers to verdoon, de verdööt sick.

Dat Liäben is äs ne Hohnerledder: De Büörwesten beschiet't de Ünnersten.
He mott sick de Häörn afstauten.
Em stöck de Hawer.
He früss äs'n Schnieder.
He mot no eenmaol in'n Backuoben.
Wenn du't ielig häs, laot't rühig angaohn.

Redensarten über Essen und Trinken

Iätten un Drinken hollt Lief un Siäl bineen.
Biätter, dat de Buuk bäss, äs dat de beste Kost verdäff.
Wat de Buer nich kennt, dat frätt he nich.
En guet Schwien frätt alls.
Lürige Pött giff dulle Köpp.
Laot den Buuk uut't Water und dat Water uut`n Buuk.
Ne aolle Siege frätt no gärn en grön Blättken.
De Schnaps schmäck am besten, wenn de Dannen gröön sind.
Man mott de Feste fierrn äs se fallt.
Du kanns di blaus wünnern, wat in so'n Mennschken inpäss, wenn he inladen is.
Läcksk sin'k nich, aower ick iät nu äs gähn, wat mi guet schmäck.
Use Härgott weet alls, aower nich, wat in de Liäwerwuorst is.
In'n Schnaps versupt mähr Lüe äs in't Water.
He höllt wat van'n kuort Gebätt un'n langen End Mettwuorst.

Redensarten über Arbeit

Biätter en fingerlang hanneln äs en armlang arbeiden.
Guet doon un gau doon is een Deel te viell.
Nich küern, müern.
Wat twee Mann doon könnt, dao söll sick een nich an quiällen.
Man kann biätter met´n Fuulen tesammen arbeiden äs met ´nen Dummen.
Well döht, wat he kann, is wärt, dat he liäwt.
Dat sind mi de Richtigen: Bi´t Iätten schweeten un bi´t Arbeiden freisen.
He kann de Arbeid guet liggen seihn.

Redensarten über Geld

Geld regeert de Wiält.
He hät nich dat Saolt in de Sopp verdennt.
Well dat Krüüs hätt, siängt sick teiärst.
De Geldbühl un de Biärdelbühl hangt selten 100 Jaohre an eenen Giewwel.
Well billig köff, de köff duppelt.
Düftig föt ´ne Mark füftig, un lästig för ´ne Mark sesstig.
Biätter en missen Laup äs ´nen missen Kaup.
Augen loss of Bühl loss
Wao Geld is, dao is de Düwel, aower wao kien Geld is, dao is he dubbelt.
För Geld kanns den Dübel danzen laoten.
Fette Gais sall man nich de Mäse schmeern.

Iärwguet is Verdiärwguet.
En Kniepstiärt is auk ümmer 'n Griepstiärt.
Van 'nen Mönsterlänner kann man alls häbben – blaus kien Geld.
Bliew(t) gesund un liquide!

Redensarten über Mann und Frau

Frieen un Heidrügen gescheit faken ümsüss.
Well köff Naobers Rind un friet Naobers Kind, de weet, wat he find't.
Up jeden Pott päss 'nen Dieckel.
Frau un Mann – een Gespann.
Leiwe vergeiht – aower Hektar besteiht.
Egal of arm of riek, Hauptsak wat an de Fööte.
De hätt wat an de Fööte.
Wenn de Frau en gülden Stohl metbrängt, dann will se der auk up sitten.
En Fraulümülken treckt mähr äs drei Piärde.
De Leiwe föllt äs se will; bi eenen up'n Rausenblatt, bi'n annern up'n Suermoosfatt.
Well sick nicks anhieraot't un nicks iärwt, de bliw en arm Dier bes dat he stiärwt.
Wat fröher de Hochtiet was, dat is vandage mähr en Leasingmodell.

Lieder

O, wu schön is miin Westfaolen

Melodie: Joh. Peters
Text: A. Kraus

In den Grund dao ligg dat Isen,
Kuohlen füör de ganze Welt,
auk dat Veh is no to priesen,
wenn et sick üm Schwiene häöllt.

Un de Mettwurst, wenn recht drüge,
schickt wi wiet wegg üöwern Rhien.
Usse Schinken de is Tüge,
dat wi tücht´t dat beste Schwien.

(2. von insgesamt 4 Strophen)

O, Bur, wat kost't dien Hei?

Volkslied

2. *Mien Hei dat kost't 'ne Kron', mien Hei dat kost't 'ne Kärmis-Kron',*
juchheissa-vivat Kärmeskron', mien Hei dat kost't 'ne Kron'.
3. *O Bur, dat is viell to dür, o Bur, dat is ...*
4. *Nu söck sick de Bur 'ne Frau, nu söck sick ...*
5. *Dütt is miene laiwe Frau ...*
6. *O Bur, wat 'ne schöne Frau ...*
7. *Nu söck sick de Bur en Kind ...*
8. *Dütt is mien laiwet Kind ...*
9. *O Bur, wat en schönet* Kind ...
10. *Nu söck sick de Bur 'ne Magd ...*
11. *Düt is miene laiwe Magd ...*
12. *O Bur, wat 'ne schöne Magd ...*
13. *Nu söck sick de Bur 'nen Knecht ...*
14. *Dütt is mienen laiwen Knecht ...*
15. *O Bur, wat en schönen Knecht ...*

16. Nu söck sick de Buer 'nen Rüen ...

17. Dütt is mien laiwen Rüen ...

18. O Bur, wat en schönen Rüen ...

19. Nu söck sick de Bur 'nen Knuocken ...

20. Dütt is mienen laiwen Knuocken ...

21. O Bur, wat en schönen Knuocken ...

22. Nu söck sick de Bur 'nen Pottlecker ...

23. Dütt is mienen laiwen Pottlecker ...

24. O Bur, wat en schönen Pottlecker ...

25. Nu giff't wi den Bur 'nen Schupp ...!

De Dissel

Melodie: Gregor Schwake
Text: Augustin Wibbelt (1+2
u. Gregor Schwake (3+4)

2. Sie tofriäden, gaoh män still
Dinen Wäg fördann!
Wocht, du wäs et no gewahr,
Wat de Dissel blaihen kann.

3. Wenn du dann de Dissel sühs,
Denk, dat is för di.
Blomenpracht un Sunnenschien!
Un din Hiätt wät froh un frie.

4. *Laot nich hangen dinen Kopp!*
Döht de Dissel nich.
Kick, se steiht so haug un stolt
Sunnento, so schön, un swigg.

Vandage

Melodie: und Text: Gregor Schwake

Gued gaohn!

Melodie und Text: Gregor Schwake

2. *Häbbt all mienen Dank, de Tied was so schön, is so leiwlick west. Nu pack ick mi gau miene Föt unnern Arm, dat is't allerbest.*

Einer: Gued gaohn! *Alle: Auk so!*
Einer: Bes en anner Maol! *Alle: Bes en anner Maol!*

3. *Wat süngen de Vüegel lustig un froh, un wi süngen met. Dat Leed ist o Enn, un wi sägt us Adjüs, un et lütt so nett.*

Einer: Gued gaohn! *Alle: Auk so!*
Einer: Bes en anner Maol! *Alle: Bes en anner Maol!*

4. *Nu daoh mi no eenmaol diene Hand, diene*
leiwe Hand. Ick denk alle Dag´ un bi
Nacht an di, auk in´t früemde Land.

Einer: Gued gaohn! *Alle: Auk so!*
Einer: Bes en anner Maol! *Alle: Bes en anner Maol!*

Bildnachweis

(Angabe des Fotografen und des Inhabers der Bildrechte)

Umschlagbild :
Skulptur „Flirt“ von Jürgen Ebert. Standort: Kreislehrgarten Steinfurt.
Fotograf: Josef Vasthoff

S. 14 Skulptur „Gespräch“ von Rudolf Breilmann.
Standort: Münster, Sentmaringer Weg 1, DZ HYP
Fotograf: Josef Vasthoff

S. 29 COLORBOX

S. 48 freepik

S. 70 Kiepenkerldenkmal
Standort: Münster, Spiekerhof
Fotograf: Josef Vasthoff

S. 108 Skulptur „Spökenkieker“ von Rudolf Breilmann.
Standort: Mühlenhof Freilichtmuseum, Münster
Wikimedia

Lieder: Westfälischer Heimatbund
Helmut Baumeister